Hans Meyer
Föderalismusreform:
Wie reformfähig ist unser System?

Schriftenreihe
der
Juristischen Gesellschaft zu Berlin

Heft 185

W
DE
G
RECHT

De Gruyter Recht · Berlin

Föderalismusreform:
Wie reformfähig ist unser System?

Von
Hans Meyer

Überarbeitete Fassung eines Vortrages,
gehalten vor der
Juristischen Gesellschaft zu Berlin
am 12. Dezember 2007

W
DE
G
RECHT

De Gruyter Recht · Berlin

Professor Dr. Dr. h.c. *Hans Meyer,*
ehem. Präsident der Humboldt-Universität zu Berlin

∞ Gedruckt auf säurefreiem Papier,
das die US-ANSI-Norm über Haltbarkeit erfüllt.

ISBN 978-3-89949-520-1

Bibliografische Information der Deutschen Nationalbibliothek

Die Deutsche Nationalbibliothek verzeichnet diese Publikation in der Deutschen
Nationalbibliografie; detaillierte bibliografische Daten sind im Internet über
http://dnb.d-nb.de abrufbar.

Printed in Germany

Satz: DTP Johanna Boy, Brennberg
Druck: Mercedes-Druck GmbH, Berlin
Buchbinderische Verarbeitung: Industriebuchbinderei Fuhrmann GmbH & Co. KG, Berlin

I. Der Weg des Grundgesetzes im Spiegel
seiner Änderungen

Wenn man die Zahl der Grundgesetzänderungen – sie beträgt bis jetzt 52 – und die Zahl der geänderten Artikel[1] – ich zähle 216 – zu den 146 Ursprungsartikeln[2] in Relation setzt, dann drängt sich eher der Eindruck einer Krankheit namens Reformitis auf, denn der einer mangelnden Reformfähigkeit. Jedenfalls scheinen Grundgesetzänderungen trotz der verlangten Zweidrittel-Mehrheit in Bundestag und Bundesrat[3] auch und gerade in Zeiten kleiner Koalitionen mehr oder weniger beliebig möglich zu sein.

Lässt man das Erbsenzählen und schaut auf Anlass und Gewicht der Änderungen, so stößt man bald auf ein Problem, das mit einer doppelten Besonderheit unserer Verfassung zu tun hat. Sie ist eine verdeckt oktroyierte Verfassung und sie ist trotz der angenommen Vorläufigkeit für die damaligen Zustände eine sehr komplette Verfassung. Beides zusammen musste sie mit der Veränderung der innen- wie außenpolitischen Konstellationen und mit der Veränderung der Lebensbedingungen, den technisch-wissenschaftlichen wie den teilweise damit zusammenhängenden Mentalitätsveränderungen, in Konflikt bringen. Das bedarf der Begründung, weil es eine andere als die übliche Sicht auf unser Grundgesetz ist.

Das Grundgesetz wurde nicht nur auf Drängen,[4] sondern auch unter den Augen der Besatzungsmächte, die sich ein Genehmigungsrecht vorbehalten hatten, erarbeitet. Obwohl der politische Zweck der Verfassungsgebung die Konsolidierung Westdeutschlands und die Einbeziehung in das westlichen Bündnis nach Ausbruch des Kalten Krieges war,[5] beharrten die Besatzungsmächte aus leidvoller Erfahrung dessen, was ein deutscher Zentralstaat anzustellen in der Lage war, auf einer relevanten Reduzierung

---

[1]   Unter „Änderung" sind auch das Streichen und Neuschaffen von Artikeln gemeint. Für Letzteres ist z. B. Art. 23 GG ein Beispiel.

[2]   Im Laufe der Zeit sind 44 Artikel hinzu gekommen.

[3]   Der Mitglieder des Bundestages und der Stimmen des Bundesrates, Art. 79 Abs. 2 GG.

[4]   Die Ministerpräsidenten sträubten sich zunächst gegen das Verfassungsprojekt, weil man in dem Projekt nicht nur eine Gefahr für die Einheit Deutschlands, sondern vor allem eine Gefahr für Berlin sah (s. *Hans Meyer,* „Das gesamte deutsche Volk bleibt aufgefordert, in freier Selbstbestimmung die Einheit und Freiheit Deutschlands zu vollenden" in „Kritik und Vertrauen, FS Peter Schneider, 1990, S. 268, 270 f. m. w. N.).

[5]   Das war den Autoren durchaus bewusst; erst die späteren Verfassungs-Romantiker verklärten den Entstehungsgrund.

seiner Kompetenzen und auf Stärkung der Länder.[6] Der Parlamentarische Rat war nicht dieser Ansicht, obwohl er von den Landtagen gewählt war und obwohl die Länder damals die einzigen politischen Machtzentren waren.[7] Er musste aber versuchen, dem Anliegen der Besatzungsmächte möglichst ohne Schaden für die eigene Position Rechnung zu tragen. Das Produkt ist ein Grundgesetz, das länderfreundlicher klingt, als es nicht nur gedacht, sondern auch gemacht war. Das hatte aber Konsequenzen für ein höheres Änderungsbedürfnis, wie ich im Folgenden nachweisen möchte.

Niemand wundert sich zum Beispiel über die Formulierung des Art. 30 GG, wonach die staatlichen Befugnisse bei den Ländern liegen, soweit das Grundgesetz selbst "keine andere Regelung trifft oder zulässt." Jeder weiß, dass die wichtigsten Befugnisse gleichwohl beim Bund und nicht bei den Ländern liegen. Ist das kein schönes Beispiel dafür, wie man den Besatzungsmächten sprachlich entgegenkommen konnte, ohne die Realisation der eigenen Vorstellungen hintan zu stellen?[8] Und wundert es, dass der Parlamentarische Rat diese Technik möglichst oft im Grundgesetz wiederholt hat, so auch überflüssiger Weise in Art. 70 Abs. 1 GG für die Verteilung der Gesetzgebungskompetenzen oder in Art. 92 GG für die Gerichtsbarkeit? Selbst in den Details der Formulierung schillert diese Technik der Mimikry durch, wenn zum Beispiel in Art. 71 GG die ausschließliche Gesetzgebungskompetenz des Bundes nur dadurch erklärt wird, dass die Länder in diesem Bereich die Gesetzgebungsbefugnis haben, wenn der Bund sie dazu ermächtigt. Oder wenn in Art. 72 GG anders als

---

[6] Und zwar unabhängig davon, dass England und Frankreich dezidierte Zentralstaaten waren; sie hatten freilich auch am meisten unter den Deutschen gelitten.

[7] Wenn das nicht schon ein zu großes Wort ist.

[8] Es war dem Bundesverfassungsgericht vergönnt, im Altenpflegeurteil, das Ursache für eine Hauptweichenstellung der Föderalismusreform I geworden ist, dem Art. 30 GG eine besatzungsfreundliche Bedeutung zu geben, indem es behauptete, aus ihm folge, dass die Ausübung der konkurrierenden Gesetzgebung durch den Bund ein „Eingriff" in die Landesgesetzgebungskompetenz sei (BVerfGE 106, 62, 144). Davon hat es auch nicht abgehalten, dass Art. 72 Abs. 1 GG von der Ausübung „seiner", also des Bundes, Gesetzgebungskompetenz spricht und der Parlamentarische Rat eine vorgeschlagene Formulierung verworfen hat, wonach man auf eine dem Grundgesetz vorausliegende Verteilung der Gesetzgebungskompetenzen zugunsten der Länder hätte schließen können. Die Eingriffsidee ist ebenso töricht wie von Vermutungen zu Gunsten der Länder zu sprechen (so z. B. *Theodor Maunz* (Maunz-Dürig, GG, Art. 70 (1982) Rn. 29 oder *Klaus Stern* Staatsrecht I (1977) S. 580). Art. 30 GG verteilt die Gesetzgebungskompetenzen, für Vermutungen gibt es da keinen Raum.

beim Vorbild der Weimarer Verfassung[9] die stärkere Gesetzgebungsmacht des Bundes nach der schwächeren der Länder genannt wird.

Dieses pfiffige Verhalten hatte einen Nachteil,[10] der Änderungsbedürfnisse nachgerade provozieren musste. Hinsichtlich der damals *bekannten* Gesetzgebungsmaterien[11] zum Beispiel konnte der Parlamentarische Rat eine rationale Entscheidung treffen, hinsichtlich der damals unbekannten Materien aber nicht; gleichwohl hat er mit Art. 30 GG und dem entsprechenden Art. 70 GG eine Entscheidung getroffen, nämlich für die Länder. Ob ihm das bewusst war, kann man bezweifeln. Vermutlich ging er davon aus, dass die von ihm überblickten Gesetzgebungsmaterien sich nicht um wichtige erweitern könnten. Er hat sich dabei freilich geirrt.

Ein Beispiel ist das Atomrecht.[12] Niemand wird wohl annehmen, der Parlamentarische Rat hätte die Kernenergie als Gesetzgebungsmaterie den Ländern zugewiesen, wäre sie damals jenseits der sowieso ausgeschlossenen militärischen Verwendung als Gegenstand gesetzlicher Regulierung bekannt gewesen. Dasselbe gilt für das Regelungsbedürfnis, das erst mit der medizinisch-technischen Entwicklung bei der Erzeugung menschlichen Lebens, der möglich gewordenen Veränderung von Erbinformationen oder der immensen Erweiterung von Transplantationsmöglichkeiten aufgekommen ist.

Eine zweite Kategorie von neu entstandenen Gesetzgebungsmaterien bilden Regelungsbedürfnisse, die sich erst im Laufe der Zeit gewonnenen Erkenntnissen verdanken, wie der, dass die Umwelt uns nicht nur zu unserer Verfügung steht, sondern ihrerseits auch, und zwar länderübergreifend, geschützt werden muss, was zu Kompetenztiteln wie „Abfallbeseitigung" oder später „Abfallwirtschaft" und „Luftreinhaltung" führte.

---

[9] Siehe dort z. B. Art. 6 und Art. 12. Letzterer lautet: „Solange und soweit das Reich nicht von seinem Gesetzgebungsrechte keinen Gebrauch gemacht hat, behalten die Länder das Recht der Gesetzgebung."

[10] Neben dem, dass manche, im Altenpflegeurteil sogar das Bundesverfassungsgericht (s. Anm. 8), darauf hereingefallen sind, wie noch zu zeigen sein wird.

[11] Sie ergaben sich aus dem durch die Reichsverfassung von 1871 und die Weimarer Verfassung und deren Umsetzung in die Staatspraxis überlieferten Rechtsbestand und den damals vordringlichen Aufgaben, deren Bewältigung eines Gesetzes bedurfte, wie Fragen der Kriegsschäden und der Wiedergutmachung.

[12] Für das man den Kompetenztitel „Recht der Wirtschaft" nicht für ausreichend, vielmehr einen eigenständigen Kompetenztitel für notwendig hielt, einerseits wegen der Brisanz des Themas und weil man die Konformität mit den Bundesgrundrechten sicherstellen wollte, andererseits aber auch, weil mit dem Thema „Entsorgung" man auch den Kompetenztitel „Gefahrenabwehr" in Anspruch nahm, der als solcher dem Bund nicht offen stand.

Eine dritte Kategorie hat mit Finanzierungsfragen zu tun, die früher überhaupt nicht oder nicht als einer Bundesregelung für bedürftig angesehen worden sind. Das geht von der wirtschaftlichen Sicherung der Krankenhäuser bis zu den Ausbildungsbeihilfen.[13]

Die in Art. 30 GG angewandte Technik zwingt nun dazu, in jedem Fall eine Verfassungsänderung unter hoher Zustimmung der Länder zu organisieren, weil ihnen formal eine Kompetenz fortgenommen wird, über die der Parlamentarische Rat eine bewusste Entscheidung zu ihren Gunsten gar nicht hat treffen können und sie in den meisten Fällen, wäre sie ihm bewusst gewesen, zu Gunsten des Bundes getroffen hätte. Man könnte diesen Typ von Verfassungsänderungen auch unechte Verfassungsänderungen nennen und auf den Gedanken kommen, für sie einfachere Formen der Verfassungsänderung vorzusehen.[14]

Wenn man die bloßen *Änderungen* von Kompetenztiteln mit einbezieht, sind etwa 30 Verfassungsänderungen dieser Kategorie zuzuordnen. Wie selbst die Föderalismusreform 2006 zeigt, konnten aber nicht alle auftauchenden Probleme dieser Art gelöst werden. So hätte man erwarten können, dass die ja außerordentlich rasante und unser Informationswesen revolutionierende Entwicklung der „neuen Medien", die eine zentrale Regelung erheischen,[15] sich in der Kompetenzverteilung einer modernen Verfassung widerspiegelt.[16] Statt dessen blieb es bei den traditionellen, man könnte auch sagen altväterlichen Kompetenztiteln Presse, Rundfunk/ Fernsehen und Film,[17] die jetzt voll den Ländern zustehen, und auf der anderen Seite dem der Telekommunikation und genereller dem der Wirtschaft, die einer bundesrechtlichen Regelung offen stehen. Über die jeweilige Zuständigkeit einigt man sich unabhängig von der Verfassung informell. Das ist eine Form der Auswanderung aus der Verfassung, welche die politische Klasse häufiger praktiziert, als auch dem geschulten Verfassungsrechtler bekannt ist.

---

[13] Zwingend war in beiden Fällen die Übertragung auf den Bund nicht; es standen wohl auch Finanzierungsvermeidungswünsche der Länder Pate.

[14] Eine entsprechende Anregung in der Föderalismuskommission I (*Hans Meyer*, Drucks. 13 S. 22/23) ist nicht aufgegriffen worden. Warum hätten auch die Länder eine Machtposition aufgeben sollen?

[15] Die Brisanz des Themas zeigt die aktuelle Kampagne der Zeitungen gegen die Internetnutzung durch die öffentlich-rechtlichen Rundfunkanstalten.

[16] Ähnliches gilt für den naheliegenden Titel „Umweltrecht", den die Länder trotz ausdrücklich anerkannter Notwendigkeit eines Umweltgesetzbuches des Bundes nicht akzeptieren wollten.

[17] An einer versteckten Stelle, nämlich in Art. 23 Abs. 6 Satz 1 GG, wird der Rundfunk als ausschließliche Landeskompetenz erwähnt.

Der zweite Komplex korrigierender Verfassungsänderung ist die nachgeholte Verfassungsgebung in Gestalt der Wehrverfassung (1956) und der Notstandsverfassung (1968) mit einer Fülle von Folgeänderungen. Sie betrifft etwa 43 Artikel. Es war klar, dass unter dem strikten Regime der Besatzungsmächte und der Stimmung im Volk an einem entsprechenden Inhalt des Grundgesetzes damals nicht zu denken war.

Der dritte Komplex hat mit der wichtigsten Machtverteilung im Bundesstaat, mit den Finanzen zu tun. Hier hat es Änderungen in drei Schüben gegeben. Die erste beruht auf der doppelten Erkenntnis des Parlamentarischen Rates, dass es 1949 noch nicht annähernd möglich war, die Finanzbedürfnisse von Bund und Ländern abzuschätzen, und dass eine endgültige Verteilung der Finanzkompetenzen angesichts des brisanten Themas unter den Bedingungen einer Zwei-Drittel-Mehrheit in Bundestag und Bundesrat fast unmöglich sein würde. Er erlaubte daher dem *einfachen* Gesetzgeber, die endgültige Finanz*verfassung* zu beschließen und unterlief damit auch den Einfluss der Besatzungsmächte, deren Genehmigungsrecht nach Erlass des Grundgesetzes erlöschen würde. Der Parlamentarische Rat war aber so klug, dem einfachen Gesetzgeber eine Frist bis Ende 1952 zu setzen. Gleichwohl gelang eine Einigung nicht und man musste mit verfassungsändernder Mehrheit den Termin zweimal verschieben, ehe es Ende 1954 gelang, ohne das Erfordernis der Zweidrittel-Mehrheit die Steuerertragsverteilung endgültig zu regeln.

Der zweite Schub kam mit der ersten leichten Rezession, als man 1967 glaubte, die Probleme haushaltsrechtlich durch die Bereitstellung eines ganzen Arsenals von Instrumenten in den Griff zu bekommen (Art. 109 Abs. 2 bis 4 GG). Der dritte Schub folgte bald darauf 1969 mit der großen Finanzverfassungsreform, die in zwei verfassungsändernden Gesetzen des gleichen Tages sowohl das Haushaltsrecht als auch grundlegender das Finanzverfassungsrecht im engeren Sinne, also die Verteilung der Finanzkompetenzen, änderte. Ein Hauptpunkt war die Anerkennung und Einhegung der extra- oder genauer contrakonstitutionellen Fondspolitik des Bundes, mit der er die Mischfinanzierung von Landesaufgaben und damit den Einfluss auf sie durchgesetzt hatte. Die Föderalismusreform 2006 ist in nicht unwesentlichen Punkten eine Korrektur dieser Reform und die Föderalismusreform 2008, falls sie kommt, wird notwendig eine weitere bringen, möglicherweise sich aber mit dem Staatsschuldenrecht nur auf das Haushaltsrecht konzentrieren. Der Finanzkomplex ist mit über 20 Verfassungsänderungen am Gesamtvolumen der Änderungen beteiligt. Da die Zahl der Finanzartikel des Grundgesetzes lediglich vierzehn beträgt, sieht man, welchem Druck dieser Teil des Grundgesetzes ausgesetzt ist.

Der vierte, 31 Artikel umfassende Änderungsschub hatte seinen äußeren Anlass in der Vereinigung. Seine Funktion hätte sein können, das dem Parlamentarischen Rat durchaus bewusste separatistische Element der Verfassungsgebung 1949 zu überwinden, also die mitwirken zu lassen, denen bei der Schaffung des Grundgesetzes „mitzuwirken versagt war", wie die ursprüngliche Präambel des Grundgesetzes formulierte. Sein Zweck war aber, wie zu zeigen sein wird, eher gegenläufig. Zudem spaltete er sich in drei Agenden und – damit nicht übereinstimmend – zeitlich in drei Blöcke auf.

Der erste Block betraf die 1990 erfolgten „beitrittsbedingten Änderungen" des Grundgesetzes. Sie hatten verfahrensrechtlich für die Akteure den Vorteil, Gegenstand eines exekutivisch ausgehandelten Vertrages, nämlich des Einigungsvertrages, zu sein.[18] Auf diese Weise wurde das Parlament in eine Ratifizierungsfalle gesetzt.[19] Es nimmt nicht wunder, dass die Gelegenheit benutzt wurde, auch Verfassungsänderungen durchzusetzen, die keineswegs „einigungsbedingt" waren[20] und im normalen Verfahren des Art. 79 GG keine Chance gehabt hätten. Dazu zählt die Besserstellung der großen Länder aus dem Westen bei der Stimmgewichtung im Bundesrat.[21]

Der zweite Block wurde zwar als Konsequenz der Einigung ausgegeben,[22] hatte aber in erster Linie die Funktion, der in Art. 146 GG

---

[18] Und daher einer gründlichen Begründung nicht bedurften, weil die ratio für die Vertragsparteien in der Einigung selbst lag.

[19] Die Beteiligten haben das durchaus gesehen, und behauptet, dem Parlament nur „beitrittbedingte" Änderungen vorzulegen.

[20] Siehe *Hans Meyer*, Die Wiedervereinigung und ihre Folgen vor dem Bundesverfassungsgericht, BVerfG-FS Bd.1 (2001) S. 83, 84 ff.

[21] War es wirklich „beitrittsbedingt", den großen westdeutschen Länder ein höheres Stimmgewicht zu schaffen, bevor die bevölkerungsschwachen Ostländer ihre Stimme überhaupt erheben konnten? Das Bundesverfassungsgericht hat das Problem durchaus gesehen, darüber aber nicht zu judizieren gehabt. Siehe dazu im Einzelnen *Hans Meyer*, Das ramponierte Grundgesetz, KritV 1993, 399, 414–418. Besonders tragfähig schien das Argument, der Parlamentarische Rat habe den großen Ländern durch die Stimmgewichtung eine Vetoposition bei Verfassungsänderungen eingeräumt, die man jetzt nicht aufgeben wolle. Dummerweise gab es 1949 statt des Landes Baden-Württemberg drei kleinere Länder, so dass die Rechnung mit falschen Zahlen operierte. Die gefundene Gewichtung nimmt den Ostländern einschließlich Berlins das Vetorecht bei Verfassungsänderungen.

[22] In Art. 5 des Einigungsvertrages war eine „Empfehlung" „der Regierungen der beiden Vertragsparteien" aufgenommen worden, „sich innerhalb von zwei Jahren mit den im Zusammenhang mit der Deutschen Einigung aufgeworfenen Fragen zur Änderung oder Ergänzung des Grundgesetzes zu befassen", was die „Regierungen" aber nicht hinderte, „insbesondere" mit der Einigung gar nicht

versprochenen originären Verfassungsgebung durch das nun vereinigte und von Besatzungsmächten unabhängige deutsche Volk auszuweichen. Zu diesem Zweck einigten sich die dominanten politischen Kräfte des Westens[23] auf ein Verfahren, das mit den Vorstellungen des Grundgesetzes von einer korrekten Verfassungsgebung wenig gemein hat. Man empfahl offiziell, wozu man intern schon entschlossen war, eine Gemeinsame – und paritätisch besetzte – Kommission von Bundestag und Bundesrat zu bilden, die mit Zweidrittel-Mehrheit eine „Empfehlung an die gesetzgebenden Körperschaften"[24] für eine Verfassungsänderung geben sollte. Bis auf die vorgesehene Größenordnung von 64 Mitgliedern[25] erwies sich das Vorgehen als so pflegeleicht, dass es für die Föderalismusreform I wie für die Föderalismusreform II ohne weiteres übernommen wurde. Seine Problematik wird daher später behandelt.

Ihr Ergebnis war sehr heterogen. Ein wichtiger Bestandteil war der Versuch, das Bund-Länder-Verhältnis zumindest im Bereich der Gesetzgebung neu zu justieren. Dominante Idee war dabei, den Ländern einen größeren Anteil an der Gesetzgebung einzuräumen. Von den Einigungsfragen war man also weit entfernt. Es zeigt aber, dass schon damals das Bund-Länder-Verhältnis als reformbedürftig angesehen wurde. Es ist nicht ohne Ironie, dass man bei der 1994 gefundenen Lösung den

---

zusammenhängende Fragen zu thematisieren, wie der Einfluss der Länder in Brüssel bei Länderagenden. Die Wunschliste eines „Gemeinsamen Beschlusses der Ministerpräsidenten" (abgedruckt in ZParl 1990, 461 ff.) war sinniger Weise gefasst worden, bevor ein ostdeutscher Ministerpräsident teilnehmen konnte. Der Zeithorizont für die Reform wurde mit zwei Jahren angegeben und um das Doppelte überschritten.

[23] Obwohl in Art. 5 des Einigungsvertrages vereinbart war, dass man sich dabei auch „der Frage der Anwendung des Art. 146 des Grundgesetzes und in deren Rahmen einer Volksabstimmung" widmen sollte, tendierte die Lust dazu gegen Null (s. die Darstellung in BT-Drucks. 12/6000 S. 111 ff.). Der Auftrag wurde praktisch ignoriert.

[24] Diese von den Ländern durchgesetzte Formulierung ist irreführend, da man schlechterdings ein Organ, nämlich den Bundesrat, das nicht in der Lage ist, ein Gesetz zu erlassen, nicht als gesetzgebend bezeichnen kann. Selbst im Falle des noch nie vorgekommenen Gesetzgebungsnotstandes (Art. 81 GG), der einen nicht handlungsfähigen oder handlungswilligen Bundestag voraussetzt, beschließt nicht der Bundesrat das Gesetz, sondern kann ihm nur zustimmen, woran Art. 81 Abs. 2 GG die Fiktion eines „Zustandekommens (Art. 78 GG) knüpft.

[25] Siehe BT-Drucks. 12/6000 S. 7. Diese Größenordnung war wohl auch vorgesehen, um den Anhängern einer Art Nationalversammlung ein wenig entgegen zu kommen. Da alle Länder unabhängig von dem unterschiedlichen Stimmgewicht, das sie im Bundesrat haben, gleichbehandelt werden sollten, war nur eine Größenordnung denkbar, die durch 16 teilbar ist.

Besatzungsmächten gegen den Parlamentarischen Rat Recht gab. Verstärkt durch eine rabiate Auslegung des Bundesverfassungsgerichts, erwies sich die Lösung aber als ein kapitaler Fehler und wurde so zugleich Anlass für eine der beiden wesentlichen Korrekturen bei der Reform 2006. Insgesamt waren damals 14 Artikel betroffen.

Bevor dieser zweite Block der Verfassungsänderungen im Jahre 1994 realisiert werden konnte, drängten die Länder auf eine vorzeitige Verfassungsänderung, die 1992 durchgesetzt wurde, aber ebenfalls nichts mit der Vereinigung zu tun hatte, vielmehr eine dritte Agende ansprach. Die anstehende Ratifizierung des Maastricht-Vertrages gab den Ländern einen Hebel, dem nur zögerlichen Bund eine Mitsprache in Europa abzutrotzen. Das Ergebnis war der äußerst verquälte Art. 23 GG, der wiederum bei der Föderalismusreform 2006 erneut auf den Prüfstand kam und eine weitere Änderung erfuhr. Insgesamt wurden 8 Artikel geändert.

Neben diesen vier Änderungsschüben, die mehr als die Hälfte aller Änderungen ausmachen, und den 35 Änderungen der Föderalismusreform 2006 gibt es etwa 45 Einzeländerungen, angefangen vom Grundrechtsteil mit den oft[26] gravierenden Einschränkungen von Grundrechten, welche die Privatheit schützen sollen (Art. 10 GG: Brief-, Post- und Fernmeldegeheimnis, Art. 12a GG: Wehr- und Ersatzdienstpflicht oder Art. 13 GG: Unverletzlichkeit der Wohnung), bis hin zum Organisationsteil vor allem in den Kompetenzbestimmungen zur Bundesverwaltung (Art. 87a bis 87f GG: von der Bundeswehr- über die Kernenergie-, die Luftverkehrs- und die Eisenbahnverwaltung bis zum Post- und Telekommunikationswesen).

Hierbei fällt dreierlei auf: Innenpolitisch hoch umstrittene Themen führen oft zu verquälten, den notwendigen Abstraktionsgrad einer Verfassung verlassenden und die letzten Verästelungen einschließenden Regelungen, wofür Art. 16 GG mit seinen Regeln über das Asylrecht ebenso steht, wie der 1994 völlig neugefasste Art. 23 GG. Der Hang, die nachfolgenden Generationen gegen alle Vernunft bis ins Kleinste zu binden, ist übermächtig. Er ist aber auch eine Frucht der Verfassungsgebung als Produkt eines Aushandlungsverfahrens; darauf ist noch zurückzukommen.

Zum zweiten gibt es die Tendenz, peinliche Entscheidungen durch einen Wortschwall zu überdecken. Ein Beispiel ist der Art. 29 GG. Er

---

[26] Verstärkungen des Grundrechtsschutzes finden sich zum Beispiel in Art. 3 Abs. 2 Satz 2 und Absatz 3 mit dem Förderungsgebot für die tatsächliche Durchsetzung der Gleichheit und dem Verbot der Diskriminierung wegen einer Behinderung und in Art. 9 Abs. 3 GG mit dem Schutz von Arbeitskämpfen in Sondersituationen.

handelt von der Länderneugliederung. Während der Parlamentarische Rat noch ein Neugliederungs*gebot* formulierte, um Länder zu schaffen, „die nach Größe und Leistungsfähigkeit die ihnen obliegenden Aufgaben wirksam erfüllen können" (Art. 29 Abs. 1 a. F.) – eine ja nicht unvernünftige Vorstellung –, schaltete man 1969 auf die bloße Möglichkeit einer Neuordnung um, benötigte zur Schilderung des Verfahrens acht sehr lange Absätze und schaffte es, den zweitlängsten Artikel des Grundgesetzes überhaupt zu formulieren.[27] Sein sehr simpler Zweck ist ausschließlich, eine Neugliederung zu verhindern. Eine ersatzlose Streichung hätte denselben Effekt gehabt. Schon der Parlamentarische Rat war skeptisch und hatte für die Schaffung des Landes Baden-Württemberg mit Art. 118 GG ein eigenes Rechtsregime errichtet, und für die vorerst gescheiterte Neugliederung Berlin-Brandenburg gibt es ebenfalls ein Sonderregime (Art. 118a GG). Nichts spricht dagegen, dass es einen Art. 118b GG geben würde, falls in Ländern der Wunsch zum Zusammenschluss entsteht, zumal es ohne finanzverfassungsrechtliche Sonderregeln sowieso nicht abgehen würde. Art. 29 GG steht wahrscheinlich nur noch darum im Grundgesetz, weil ihn keiner liest.

Die dritte Tendenz ist, dass sich die Länder für die Zustimmung zu einer Verfassungsänderung im Bundesrat wenn möglich ein Zustimmungsrecht auf diesem Gebiet ausbedingen. Man kann auch sagen, den Bund erpressen. So haben die Länder sich bei der auf eine mögliche Privatisierung zielende Neuordnung des Eisenbahnwesens 1993 ein allumfassendes Zustimmungsrecht zu allen Eisenbahnen betreffenden Gesetzen des Bundes einräumen lassen (Art. 87c Abs. 5 GG), obwohl vorher überhaupt keins bestand (Art. 87 Abs. 1 GG a. F.). Dieses inhaltlich unbegrenzte Zustimmungsrecht geht weit über eine vertretbare Mitwirkung der Länder hinaus.[28] Ein weiteres Beispiel ist das in Art. 73 Abs. 2 GG durchgesetzte Zustimmungsrecht zur Regelung von nur drei Zuständigkeiten des Bundeskriminalpolizeiamtes nach Art. 73 Abs. 1 Nr. 9a GG. Zustimmungsrechte bei einer ausschließlichen Bundeszuständigkeit zur Gesetzgebung sollten zumindest besonders begründet sein. Eine solche fehlt selbstverständlich und wäre auch schwer zu finden gewesen.

---

[27] Länger ist nur der freilich auch unendlich gehaltvollere Art. 106 GG. Die allermeisten Artikel sind erheblich kürzer als Art. 29 GG.

[28] Obwohl *Joachim Wieland* (in Dreier (Hrsg.), GG, 1. Aufl. 2000, Art. 87e Rn. 16) bestätigt, dass das Zustimmungsrecht „politisch als Preis zu verstehen (sei), den die Länder für die Bahnreform gefordert und erhalten haben", verteidigt er die „umfassende Reichweite des Zustimmungserfordernisses" wegen der vielfältigen Koordinierungsbedürfnisse. Wenn das der Maßstab wäre, ließe sich noch eine Menge an Zustimmungsrechten rechtfertigen. Kritik findet man dagegen bei *Kay Windhorst* (in Sachs (Hrsg.) GG, 4. Aufl. 2007, Art. 87e Rn. 72).

Zumal der Bund nach Art. 73 Abs. 1 Nr. 10 zweite Alternative GG ein allgemeines Recht zur Regelung der Zuständigkeiten des Bundeskriminal-polizeiamtes besitzt, ohne dass ein solches Zustimmungsrecht besteht.[29] Systematische Überlegungen haben eben bei Verhandlungslösungen geringen Wert.

Ein vierter Typus von Verfassungsänderungen betrifft sehr allgemeine, eher programmatische Aussagen, die in erster Linie symbolischen Wert haben. Erfolgreich waren Natur- und Tierschutz. Bei Letzterem mag die nicht unbeträchtliche Wählerklientel der Hunde- und Katzenliebhaber eine förderliche Rolle gespielt haben. Die Ausgestaltung der entsprechenden Schutznorm in Art. 20a GG zeigt aber, dass man eher unwillig war und sogar die schützende Gesetzgebung glaubte ausdrücklich an die verfas-sungsmäßige Ordnung binden zu müssen, an die sie aber nach Art. 20 Abs. 2 GG sowie schon gebunden ist, und der vollziehenden Gewalt keine unmittelbaren Schutzauftrag zubilligt, selbst dort nicht, wo sie nach Ermessen handeln kann. Sie kann nur „nach Maßgabe von Gesetz und Recht" etwas zum Schutz unternehmen. Bei soviel Skrupel kann man dankbar sein, dass der Sport, der sogar mit einer höheren Anhängerschaft rechnen kann, nicht auch zur Ehre der Altäre erhoben worden ist.[30] Und selbst der Kultur dürfte es nicht besser gehen als jetzt, wenn sie eine dem Art. 20a GG entsprechenden Vermerk in der Verfassung finden würde.[31]

Lässt man die Verfassungsänderungen bis zur Föderalismusreform Re-vue passieren, so ergab sich in nicht geringem Ausmaß deren Notwendig-keit aus den irregulären Bedingungen der Entstehung des Grundgesetzes, die ihre Spuren im Text der Verfassung hinterlassen haben, und aus dem Charakter als ausführliche Verfassung, die eher mit den Veränderungen

---

[29] Was die interessante Frage aufwirft, ob der Bund das Zustimmungsrecht vermeiden kann, wenn er sich bei der Regelung einer Zuständigkeit des Bun-despolizeikriminalamtes bei einer länderübergreifenden Terrorismusgefahr auf das ihm zustehende Recht aus der Natur der Sache beruft und das Amt nach Art. 73 Abs. 1 Nr. 10 GG zuständig macht. Siehe näher *Hans Meyer*, Die Föderalismus-reform 2006, 2008, S. 297–304.

[30] Bei ihm müsste man zudem, wenn man sich nicht ganz lächerlich machen wollte, feine Unterscheidungen zwischen dem Sport als Wirtschaftstätigkeit und dem „wertvollen" Sport machen und aufpassen, dass im Schulunterricht nun nicht von Verfassungs wegen der Schulsport Vorrang vor dem Deutschunterricht hätte.

[31] Beide Lebensbereiche waren ernsthaft in der Erwägung, und es ist nicht sicher, was die nächste Bundestagswahl alles für Vorschläge mit starkem Druck auf die konkurrierenden Parteien produzieren wird. Zur Kultur sei gesagt, dass kein Staat, der etwas auf sich hält, sich nicht zumindest auch als Kulturstaat begreift.

der Welt und der Ansichten in Kollision gerät als eine offenere Verfassung. Da die Änderungen zu einem nicht unwesentlichen Teil erzwungen waren, erlauben sie keine besonders fundierte Aussage zur Reformfähigkeit des Systems, auch wenn man, wie es vorstehend geschehen ist, an einzelnen Entscheidungen Kritik üben muss. Auf den Prüfstand kommt die Reformfähigkeit aber, wenn es um das bundesstaatliche Verhältnis, also um das Verhältnis von Bund und Ländern geht, und zwar nicht notwendig wegen des Gewichts des Themas, sondern weil beide Seiten gleichgewichtig am Verfahren der Verfassungsänderung beteiligt sind und weil wegen der hohen Hürde der Zwei-Drittel-Mehrheit auf beiden Seiten ein hohes Blockadepotential vorhanden ist. Föderalismusreformen sind daher ein guter Prüfstein für die Reformfähigkeit unseres Systems.

II. Das Verfahren bei der Föderalismusreform 2006

Was sich schon bei der Reform 1994 angedeutet hatte, wurde bei der von 2003 bis 2006 dauernden Föderalismusreform I perfektioniert: das von der Verfassung vorgesehene Verfahren zur Änderung der Verfassung wurde auf den Kopf gestellt. Die Verfassung sieht vor, dass eine Änderung nur im Wege des Gesetzgebungsverfahrens möglich ist. Ein solches können nur die Initiativberechtigten anstrengen (Art. 76 Abs. 1 GG). Das sind die Bundesregierung, eine Mindestanzahl von Abgeordneten oder der Bundesrat. Die Anträge sind zu begründen und gelangen dann, meist mit Äußerungen und Gegenäußerungen, an den Bundestag, der in einem vorgeschriebenen, prinzipiell durch Öffentlichkeit bestimmten Verfahren zur Ablehnung oder zum Beschluss über die von ihm geänderte oder unverändert gelassene Vorlage kommt. Darauf kann der Bundesrat, wenn er Bedenken hat, sein Einspruchs- oder – gerade bei Verfassungsänderungen – sein Zustimmungsrecht aktivieren. In der Regel werden wichtige Vorlagen im Bundestag intensiv beraten. Neben dem federführenden Ausschuss sind oft mehrere oder gar viele mitberatende Ausschüsse beteiligt.

Der Bundestag und der Bundesrat als Vertreter der Länder haben also in dem Verfahren getrennte Funktionen, die unabhängig voneinander wahrgenommen werden. Im Streitfall zwischen Bundestag und Bundesrat über das beschlossene Gesetz kann der Vermittlungsausschuss angerufen werden. Ein Vermittlungsvorschlag, zu dem er nicht verpflichtet ist und der in der Regel spärlich begründet wird, kann nur angenommen oder abgelehnt werden. Weil der Bundestag als der Gesetzgeber dabei in die Situation eines „Vogel friss, oder stirb" kommt, wird zunehmend und zu Recht eine Einschränkung der Veränderungsmöglichkeiten für den Vermittlungsausschuss vertreten.

Das Verfahren lässt jedem der beiden am Gesetzgebungsverfahren beteiligten Organe aber volle Handlungsfreiheit. Es macht den Bundestag, der allein ein Gesetz beschließen kann, zum entscheidenden Organ, wie es seiner Stellung im demokratischen System zukommt.

Von der 94er Reform übernahm man die Idee einer Gemeinsamen Kommission von Bundestag und Bundesrat,[32] ersparte sich aber den Aufwand von 64 Mitgliedern, der damals nur zur Beruhigung der Anhänger einer Lösung nach Art. 146 GG getrieben worden war, und reduzierte die Kommission, die selbstverständlich paritätisch besetzt werden sollte, angesichts der 16 Bundesländer auf das Minimum von 32 Mitgliedern. Die sechzehn Sitze für den Bund besetzte allein das Parlament.[33] Diese Asymmetrie zwischen den Ländern, die durch ihre Exekutivspitzen vertreten waren, und dem Bund, für den die Vertreter der Bundesregierung nur eine Art Gaststatus hatten, ging zu Lasten des Bundes.[34]

Mit der naheliegenden Einigung, Beschlüsse nur mit Zwei-Drittel-Mehrheit der gemeinsamen Kommission von Bundestag und Bundesrat zu fassen, war nun aber zugleich der Bundestag selbst praktisch von der gesetzgeberischen Arbeit ausgeschlossen. Fast wie bei einem völkerrechtlichen Vertrag sollte er unter Ratifikationsdruck gesetzt werden.

Offensichtlich zur verfassungsrechtlichen Rechtfertigung und zur Beruhigung der Abgeordnetengemüter ist 1994 bei den Einsetzungserwägungen des Vorläufers die Parallele der Kommission zum Vermittlungsausschuss gezogen worden. "Damit wurde die Gemeinsame Verfassungskommission auf der Grundlage dieser Beschlussfassungen für die Dauer ihrer Tätigkeit – neben dem Gemeinsamen Ausschuss,[35] und dem Vermittlungsausschuss – als drittes gemeinsames Organ von Bundestag und Bundesrat konzipiert und konstituiert", so lautet die Rechtfertigung

---

[32] Sie hieß „Kommission von Bundestag und Bundesrat zur Modernisierung der bundesstaatlichen Ordnung"; man wollte den Begriff „Föderalismus" vermeiden.

[33] Zum Übergang von einer vorher von den Exekutiven zwischen Bund und Ländern allein betriebenen Reformaktivität zu einer auf Bundesseite allein vom Parlament betriebenen siehe *Hans Meyer*, a. a. O (s. Anm. 29), S. 22–26.

[34] Das ist auch eingesehen worden, wie die Tatsache zeigt, dass bei der zur Zeit arbeitenden Föderalismuskommission II vier Bundesminister als ordentliche Mitglieder auf das Bundeskontingent angerechnet werden. Siehe eingehender *Hans Meyer*, (s. Anm. 29), S. 22 ff.

[35] Der nach Art. 115a GG nur im Verteidigungsfall eine Rolle spielen kann.

im Bericht der Kommission.[36] Es ist wohl damals niemandem aufgefallen, dass es schwerlich in der Kompetenz von Bundestag und Bundesrat liegt, außerhalb der Verfassung beliebig neue gemeinsame „Organe" zwischen Bundestag und Bundesrat zu schaffen.

Aber auch abgesehen von dieser verfassungsrechtlichen Frage trifft der naheliegende Eindruck, die Situation sei nicht anders als nach einem Vermittlungsverfahren, in einem ganz entscheidenden Punkt nicht zu. Wenn der Bundestag sich zu einem Vermittlungsergebnis verhalten soll, hat er über Abweichungen von einem von ihm zu verantwortenden Gesetzesbeschluss zu entscheiden. In einem solchen Fall basiert nämlich das Vermittlungsergebnis auf dem von ihm erarbeiteten Gesetz. Hier aber beginnt seine Tätigkeit erst mit dem Vermittlungsergebnis der Bundesstaatskommission. Niemand aber würde auf die Idee kommen, es wäre nach der Verfassung zulässig, den Vermittlungsausschuss mit der Ausarbeitung einer Gesetzesvorlage zu betrauen. Materiell, wenn auch nicht formell, war das aber die Aufgabe der Bundesstaatskommission.

Dieses Vorgehen führte nicht nur zu drei weiteren Verfahrenskonsequenzen, sondern hatte auch inhaltliche Konsequenzen, welche die Reformfähigkeit des Systems ernsthaft berühren. Die erste Verfahrenskonsequenz war, dass die Fraktionsspitzen der großen Koalition wegen der mit den Ministerpräsidenten erzielten Einigung, um alle Gefährdungen des Werks zu vermeiden, durchsetzten, dass die Vielzahl der mitberatenden Ausschüsse keine öffentlichen Anhörungen durchführten. Damit war eine von den einzelnen Fachausschüssen für ihr jeweiliges Teilgebiet organisierte kontroverse, damit öffentlichkeitswirksame und zugleich der Vielfalt der vorgeschlagenen Verfassungsänderungen angemessene und differenzierte Detaildiskussion über die vereinbarte Verfassungsänderung unterbunden. Das war nach dem gewählten Verfahren durchaus folgerichtig, hatte man sich doch schon zwischen „Bund" und Ländern, und zwar mühsam genug, geeinigt. Als Kompensation konzentrierte man die Anhörungen beim federführenden Rechtsausschuss. Das führte mit sieben vollen Tagen und über hundert Sachverständigen[37] zu der umfangreichsten Anhörung

---

36 „Bericht der Gemeinsamen Verfassungskommission" (Drucks. 12/6000 S. 7) zum Beschluss über die Einsetzung.

37 Es lohnte sich, dem Sachverständigenwesen bei Parlamentsanhörungen eine eigenständige Studie zu widmen. Das Interesse gilt nicht immer dem Sachverstand als solchem, vielmehr werden die Sachverständigen oft wie Söldner für die eigene Sache genutzt. Das ist auch der Grund für die eigenartige Vorliebe, die Sachverständigen der eigenen Fraktion statt die der fremden zu befragen oder diese nur zu befragen, wenn sie von der Linie derer, die sie vorgeschlagen haben, abweichen. Während der Anhörungen zur Föderalismusreform war dies wegen

über ein Gesetzesvorhaben in der Geschichte des Bundestages.[38] Deren Ergebnis konnte sowohl wegen der Fülle als auch wegen der Kürze der Beratungszeit weder vom Bundestag selbst noch von der Presse und damit der Öffentlichkeit angemessen verarbeitet werden. Gleichwohl hat die Anhörung in Randbereichen zu einigen Änderungen geführt, aber wahrscheinlich nur, weil man dem Unmut über das Verfahren in einigen Teilen des Parlaments Rechnung tragen musste.

Die zweite Verfahrenskonsequenz war, dass gar nicht der Bundestag eine Anhörung durchführte, sondern Bundestag und Bundesrat eine gemeinsame Anhörung des Bundestagsrechtsausschusses und des Ausschusses für innere Angelegenheiten des Bundesrates organisierten. Das klingt kräftesparend, bedeutete aber zugleich eine Vermischung der Funktionen. Dem Bundestag sollte nicht die Vorlage des Rechtsausschusses zur Behandlung und Abstimmung vorgelegt werden, sondern eine zwischen Bundes- und Länderseite schon abgestimmte Vorlage.

Damit zusammen hängt die dritte Verfahrenskonsequenz. Der Verhandlungspartner des Bundes war gar nicht der Bundesrat, also immerhin ein Bundesorgan, sondern waren die Länder. Was sich schon in der Zusammensetzung der Bundesstaatskommission manifestiert hatte, bei der alle sechzehn Ministerpräsidenten unabhängig von der Größe und der Bedeutung des Landes je eine Stimme hatten, setzte sich hier bei der Anhörung fort. Denn die Ausschüsse des Bundesrates entscheiden nicht nach dem Stimmgewicht, das die einzelnen Länder im Bundesrat haben. Ihnen gehört als Mitglied vielmehr nur *ein* Vertreter eines jeden Landes an (§ 11 GO-BR). Eine Bestimmung zugunsten einer Stimmhäufung je nach Größe des Landes, wie für den Bundesrat selbst (Art. 51 Abs. 2 GG), besteht für die Bundesratsausschüsse nicht. Damit war nicht nur eine Vergrößerung des Blockadepotentials verbunden,[39] sondern das Grundgesetz, das nur bei Verfassungsänderungen zur Disposition von Bundestag und Bundesrat steht, zur Disposition von Bundestag und Ministerpräsidenten gestellt, was ja ein Unterschied ist. Die Verfassung sieht das nicht vor. Es ist aber Ausdruck der auch sonst zu beobachtenden Praxis eines jenseits des verfassungsrechtlichen Organisationsrahmens stehenden Kondominiums über Bundesangelegenheiten zwischen dem Bund

---

der Länge der Anhörungen und der Fülle der Anzuhörenden jedoch nicht so ausgeprägt.

[38] Jedenfalls für Verfassungsänderungen stellte das der Ko-Vorsitzende, der Minister Stegner, fest (Rechtsausschussprotokoll 20 S. 36 B). Es dürfte aber auch für normale Gesetzesvorhaben gelten.

[39] Weil sich die unterschiedlichen Zweidrittel-Mehrheiten in dem nach Ländergrößen stimmgewichteten Bundesrat und in dem nach dem Einstimmenprinzip organisierten Ausschuss kumulieren.

in Gestalt meistens der Regierung oder des Kanzlers oder der Kanzlerin und den Ministerpräsidenten.

III. Die inhaltlichen Konsequenzen des Verfahrens

Eine achtfache inhaltliche Konsequenz hatte das Verfahren. Die erste Konsequenz bestand darin, dass weder die Bundesseite noch die Länder offenbaren mussten, welche Vorstellungen sie von einer sinnvollen Gestaltung des Bund-Länder-Verhältnisses haben. Das wäre notwendig gewesen, wenn man den in der Verfassung vorgesehenen Gang der Gesetzgebung beschritten hätte. Bei einer entsprechenden Gesetzgebungsinitiative hätte die initiierende Seite des dualen Systems ihre Vorstellungen darlegen und die Gegenseite hätte darauf reagieren müssen. Beiden Seiten wäre das sicher schwer gefallen. Der Länderseite etwas weniger, weil sie sich daran gewöhnt hat, die Unterschiede der Interessen untereinander möglichst zu Lasten des Bundes aufzulösen, der Bundesseite etwas mehr, weil die regierungstragende Mehrheit sich mit der Opposition zu einigen gehabt hätte.[40] Das hätte angesichts der alltäglichen Frontstellung vor allem der jeweiligen Opposition schwer fallen müssen, zumal sie weiß, dass ein Erfolg nach den zweifelhaften Usancen der Presse immer der Regierung gutgeschrieben wird. Mit der Offenbarung der jeweiligen Optionen wäre aber zugleich schon frühzeitig die Chance zum demokratischen Diskurs außerhalb des politischen Personals eröffnet worden. Vor allem wäre man im Gesetzgebungsverfahren zur offenen Argumentation gezwungen worden.

Die zweite inhaltliche Konsequenz des gewählten Verfahrens einer gemeinsamen Kommission führt mehr oder weniger automatisch zur Abkehr von einem konzeptionellen Verständnis von Verfassungsgebung und Verfassungsänderung. Indem man mit einer gemeinsamen Kommission der beiden Pole des Systems, das man zu reformieren gedenkt, beginnt, ist konzeptionelle Arbeit für beide Seiten keine verlockende Option. Vielmehr geht das Prozedere schnell in eine Art Verfassungsverhandlungen über. Mögliche Ergebnisse werden überwiegend oder einzig unter dem Gesichtspunkt von Gewinn oder Verlust betrachtet. Das wiederum führt folgerichtig einerseits zum Denken in möglichen Kompensationen und andererseits zur Attitüde des Pokerns. Man spielt mit verdeckten Karten. Jedes vorzeitige Angebot läuft Gefahr, nicht mehr widerrufbar zu sein.

---

[40] Falls der Bund einen wenigstens im Bundestag im Sinne des Art. 79 Abs. 2 GG mehrheitsfähigen Vorschlag machen wollte, was nahe gelegen hätte.

Lange Zeit war die Bundesseite zum Beispiel nicht bereit zu offenbaren, auf welche Gesetzgebungsmaterien sie unter Umständen zu Gunsten der Länder zu verzichten bereit sei.[41] Der Verlust an konzeptioneller Gestaltungskraft ist aber für keine Kodifikation förderlich. Auf Dauer zerstört sie die prägende Kraft der Verfassung. Als Modell für andere Staaten ist sie nicht mehr tauglich.[42]

Die dritte inhaltliche Konsequenz des Verfahrens war, dass sich Begründungen und damit auch eine Rechtfertigung für die Veränderungen, auf die man sich geeinigt hatte, erübrigten. Wenn es ein Verhandlungsergebnis war, so lag die ratio der gefundenen Lösung in der Einigung selbst. Weil beide Seiten zufrieden oder wenigstens einverstanden waren, konnte das Ergebnis nur überzeugend sein. Jede eingehende Begründung hätte zudem zu Lasten der Verhandelnden im eigenen Lager aufgedeckt, wer von seinen Ausgangspositionen am meisten aufgegeben hätte. Konsequenter Weise geben nicht nur die spärlichen offiziellen Begründungen fast ausschließlich wieder, *was* im Einzelnen vorgeschlagen wird. Auch der von den beiden Sherpas der Vorsitzenden der Bundesstaatskommission und zugleich prominenten Mitglieder der für die Reform entscheidenden Verhandlungskommission über den Koalitionsvertrag, Müntefering und Stoiber, bald nach Beschluss über die Verfassungsänderung herausgegebene Sammelband von Beiträgen beteiligter Politiker und Berater über die Ergebnisse enthält mehr Erläuterungen als Begründungen.[43]

Die vierte inhaltliche Konsequenz des gewählten Verfahrens war der Drang, die Verhandlungen praktisch als Geheimverhandlungen zu führen, an der nur noch die unmittelbar „zuständigen" Politiker beteiligt waren. Bei der Bundesstaatskommission war dieser Zeitpunkt nach einem halben Jahr erreicht. Unabhängige Dritte stören bei Verhandlungen. Man kann nicht wissen, für welche Seite sie votieren, selbst wenn man sie benannt hat. Vor allem aber können sie durch ihre Argumente Schwächen in einer Verhandlungsposition aufdecken, was zumindest ärgerlich ist. Schließlich können sie einen zwingen, das Pulver schon zu verschießen, das man noch trocken halten wollte. Die Verhandlungen der Kommission wanderten ab in Projektgruppen. Von deren Mitgliedschaft waren die sachverstän-

---

[41] Da die Aufgabe von Gesetzgebungsmaterien in erster Linie das federführende Ressort trifft, vermieden die Bundesvertreter damit auch Spannungen zur Regierung und innerhalb der Koalition.

[42] Angesichts der Prägekraft, welche die deutsche Rechtsordnung auch in der jüngeren Vergangenheit für andere Staaten hat entwickeln können, ist das ein bedauerlicher Rückschritt.

[43] *Rainer Holtschneider/Walter Schön* (Hrsg.), Die Reform des Bundesstaates, 2007. Ersterer war ehemals Staatssekretär, Schön beamteter Chef der bayerischen Staatskanzlei.

digen Mitglieder der Kommission prinzipiell ausgeschlossen.[44] Bei der Nachfolgekommission, die sich nur mit Finanzfragen befasst, wurden denn auch die professoralen Sachverständigen von Anfang an schon nicht mehr zu Mitgliedern gemacht, sondern nur noch angehört. Sie könnten beim Verhandeln nur stören.[45] Die Bundesstaatskommission befasste sich zwar noch mit den Ergebnissen der Projektgruppen. Nach einem Auftrag an die Vorsitzenden, einen Kompromissvorschlag für die noch streitigen Punkte zu machen, wurden aber deren Verhandlungsergebnisse in der Kommission nicht mehr präsentiert und debattiert. Auch haben die Ministerpräsidenten die Ablehnung des Vorschlages, wenigstens die unstrittigen Punkte zu verabschieden, nicht mehr vor der Kommission vertreten. Die nach Scheitern der Kommission und vor der Wahl in Nordrhein-Westfalen wieder aufgenommenen Gespräche blieben ebenso Geheimgespräche, wie die dann entscheidenden Gespräche parallel zu den Koalitionsverhandlungen. Verhandlungen eignen sich eben nicht für den Markt.

Die fünfte inhaltliche Konsequenz des Verfahrens des Aushandelns statt der konzeptionellen Arbeit war die Anfälligkeit für halbe Lösungen, faule Kompromisse, undeutliche Ergebnisse und ein Denken in Kompensationen, bei denen man den Widerpart möglichst über den Tisch zu ziehen hoffte, zumal der Wert nicht immer feststeht, zum Beispiel davon abhängt, inwieweit das Bundesverfassungsgericht bei dunkleren Verhandlungsergebnissen – und deren gibt es eine Reihe – der einen oder anderen Auslegung zuneigt. Schließlich hat es sogar einen handfesten Dissens und zwar bei einer durchaus zentralen Entscheidung gegeben. Die Frage ist nicht ganz abwegig, ob man nicht bei einer Verfassungsgebung, die sich so offen als Vertragshandeln geriert, die normalen Regeln über die Konsequenzen eines Irrtums beim Vertrag anwenden sollte. Auf beides ist im Einzelnen zurückzukommen.

Die sechste Konsequenz des eingeschlagenen Verfahrens, das konzeptionelle Vorstellungen nur akzeptiert, wenn sie zum gewünschten Ergebnis passen, ist die sparsame und meist sehr allgemeine Zielsetzung bei einem so umfangreichen Vorhaben. Während man sich bei der Föderalismusre-

---

[44] Eine Ausnahme machte die Projektgruppe 6 über die Finanzfragen, die vier Sachverständige fasst dauerhaft hinzuzog.

[45] Außerdem können sie vor allem die Ministerpräsidenten, die so etwas nicht gewohnt sind, in die unangenehme Lage bringen, sich für das Festhalten an einer Regelung zu rechtfertigen. Das war bei dem 1992 geschaffenen Art. 23 GG der Fall, der von fast allen Sachverständigen, die sich dazu geäußert haben, als missglückt bezeichnet worden ist, weil er praktisch nicht realisiert worden sei. Der Rückzug auf das Symbolhafte der Regelung ist ihnen wohl selbst als nicht sonderlich plausibel aufgefallen.

form I noch über die Zielsetzung der Arbeit vorweg jedenfalls allgemeine Gedanken gemacht und sie in Bundestag und Bundesrat auch abgesegnet hat, hat sich die Föderalismuskommission II eine solche Zielsetzung erspart. Sie arbeitet anhand einer „offenen Themensammlung", die einem Entschließungsantrag der Koalitionsfraktionen zur dritten Lesung der Föderalismusreform I angehängt ist. Jede relevante Zielsetzung bedeutet eine Selbstfestlegung. Sie führt zu einer Bindung, der man möglichst ausweichen will, weil man Gefahr läuft, dass das Ergebnis daran gemessen wird. Möglicherweise präjudiziert sie Ergebnisse, die man unbedingt vermeiden will. Weit entfernt ist man bei einem solchen Vorgehen von der Überlegung, zunächst einmal eine differenzierte Mängelanalyse aufzustellen. Man sollte meinen, dass dies die Grundvoraussetzung gerade einer breit angelegten Verfassungsänderung sein sollte.

Die siebte Konsequenz des Verfahrens ist, dass nachträgliche Änderungen durch das eigentlich zuständige Gremium, den Bundestag, um so unwahrscheinlicher werden, je mehr Gewicht sie haben. Die zeitlich so opulente Befassung des Rechtsausschusses mit dem „Verhandlungsergebnis" steht also fast erzwungener Maßen in keinem Verhältnis zu den doch noch vorgenommene Änderungen.[46]

Die achte Konsequenz ist, dass eine Änderung der durch die Verfassung festgelegten Machtverhältnisse zwischen den beiden Polen des bundesstaatlichen Systems grundsätzlich ausgeschlossen ist. Der Einwand, die Verfassung gehe, weil sie in Art. 79 Abs. 2 GG beiden Polen eine starke Vetoposition gibt, davon auch gar nicht aus, trifft nicht zu. Dann wäre nämlich nicht zu verstehen, dass sie es für notwendig hält, in Art. 79 Abs. 3 GG auch für eine Änderung des Bund-Länderverhältnisses absolute Schranken aufzurichten. Freilich bleibt eine solche Änderung schwierig. Sie ist aber fast ausgeschlossen, wenn nicht durch die Öffentlichkeit hinreichender Druck aufgebaut wird, der von den Handelnden wenigstens eine plausible Argumentation verlangt. Diese und damit ein solcher Druck wird aber durch das gewählte Verfahren praktisch ausgeschlossen.

Außerdem wird bei dieser Argumentation ein wichtiger Punkt übersehen. Die mit der Verfassung verbundenen Vorstellungen vom Bund-Länder-Verhältnis müssen mit der gewachsenen Wirklichkeit übereinstimmen. Sowohl außerverfassungsrechtliche Entwicklungen als auch durch die Rechtsprechung des Bundesverfassungsgerichts hervorgerufene quasiverfassungsrechtliche Wirkungen können das Verhältnis weit von dem entfernen, was dem Parlamentarischen Rat vorgeschwebt hat und was auch sinnvoll ist. Korrekturen erweisen sich aber als schwierig,

---

[46] Was nicht ausschließt, dass der schließlich unstrittige Teil vorher innerhalb der Fraktionen und mit ihnen abgestimmt war.

wenn auch der Verlierer einer solchen Korrektur mit hoher Mehrheit zustimmen muss.

Zur Erläuterung beider Typen von Veränderungen mag je ein Beispiel dienen. Politisch gesehen stehen nicht die Länder dem Bund gegenüber, sondern die Exponenten ihrer Exekutiven, die Ministerpräsidenten. Ihr Einfluss im Bund ist in einem Maße gewachsen, das jedenfalls von den Vorstellungen des Parlamentarischen Rates weit entfernt ist. Dieser sorgte sich noch darum, dass aus dem Bundesrat nicht ein Gremium von Oberregierungsräten werden würde, weil es ihm darum ging, dass der bürokratische Sachverstand der Länder, die ja die Bundesgesetze auszuführen haben, bei der Bundesgesetzgebung hinreichend zur Geltung gebracht werde. Den Bundesrat als die wirksamere Bundesopposition zu benutzen, wie es beide großen Parteien erst im Laufe der Zeit praktiziert haben, lag nicht in seinem Kalkül. Dass es dazu kommen konnte, lag auch an der Tatsache, dass die Ministerpräsidenten regelmäßig als Chefs der starken Landesverbände die Kürfürsten in ihrer jeweiligen Partei sind. Sie bekamen mit dem Bundesrat eine nationale politische Bühne, ohne dass sie national hätten zur Rechenschaft gezogen werden können.

Die Auswirkungen der Rechtsprechung des Bundesverfassungsgerichts lassen sich an der extensiven Auslegung des Art. 84 Abs. 1 GG exemplifizieren. Dazu gehört nicht nur, aber an erster Stelle die sogenannte „Einheitsthese", die es den Länder erlaubt, eine Zustimmung zu einem Bundesgesetz zu verweigern, wenn sie mit der sie treffenden Verfahrens- oder Organisationsvorschrift des Bundesgesetzes, die der alleinige Grund für ihr Zustimmungsrecht ist, durchaus einverstanden sind, mit dem politischen Inhalt aber nicht. Erst diese Rechtsprechung hat der Blockadepolitik das rechte Futter gegeben.

Die acht inhaltlichen Konsequenzen des gewählten Verfahrens zeigen jedenfalls, dass bei einem solchen Vorgehen das vom Grundgesetz vorgesehene Verfahren umgangen wird und wichtige Bedürfnisse demokratischer Verfassungsgebung auf der Strecke bleiben. Das wichtigste ist die Transparenz, die es dem Volk erst erlaubt, sich ein Urteil zu bilden. Die Verfassung wird ganz als ein Instrument der und für die politische Klasse betrachtet. Zum Zweiten muss notwendig der Charakter der Verfassung als einer konzeptionellen Einheit leiden, was Beliebigkeiten bei der Auslegung befördert, die Unvereinbarkeit von Vorschriften verschleiert und vor allem das Bundesverfassungsgericht zu einem lockeren Umgang mit ihr verleitet.[47] Und schließlich werden sowieso schon schwierige grundsätzlichere Korrekturen fast unmöglich.

---

[47] Art. 72 Abs. 2 GG i. d. F. v. 1994 bei Gesetzen, die dem Art. 125a Abs. 2 GG unterfallen, schlicht nicht anzuwenden, wenn es dem Gericht nicht

IV. Die Hauptergebnisse der Reform
im Lichte der angestellten Überlegungen

Die Reform kennt drei Hauptblöcke und den lange umstrittenen Art. 23 GG über die vor allem innerstaatlichen institutionellen Konsequenzen der europäischen Einigung. Der erste Hauptblock betrifft die Politikverflechtung kraft des Zustimmungsrechts des Bundesrates zu Gesetzen. Das Stichwort ist „Blockadepolitik". Dass dabei die Parallelfälle zu Art. 84 Abs. 1 GG a. F., nämlich die Art. 85, 105 Abs. 3 GG und vor allem Art. 80 Abs. 2 vierte Alternative GG nicht einbezogen worden sind, zeigt den Mangel an Konzeption. Der zweite Hauptblock betrifft die Verteilung der Gesetzgebungskompetenzen zwischen Bund und Ländern. Der dringende Änderungsbedarf ist bei beiden Blöcken ohne die Rechtsprechung des Bundesverfassungsgerichts nicht zu verstehen. Auch hier liegt der Neuverteilung der Kompetenzen als solcher kein einheitlicher Gedanke zu Grunde. Sie ist das Ergebnis eines puren Aushandelns. Dieser zweite Hauptblock weist zudem auf die missglückte Reform 1994 zurück und korrigiert zu einem nicht unwesentlichen Teil damit deren Entscheidung, den Besatzungsmächten gegen den Parlamentarischen Rat Recht zu geben und führt so wieder auf den Ausgangspunkt von 1949 zurück. Der dritte Hauptblock hat mit den Finanzverflechtungen von Bund und Ländern zu tun, die mit der Finanzverfassungsreform 1969 erstmals in eine im Prinzip sinnvolle Form gebracht worden, aber unter dem Stichwort des „goldenen Zügels" unter Verdacht geraten sind. Art. 23 GG ist auch in der Neufassung 2006 ein gutes Beispiel schlechter Symbolpolitik.

1. Politikverflechtung: Die Zustimmung zu Bundesgesetzen

Die markantesten und zugleich mit 60% die häufigsten Fälle der Politikverflechtung bei der Gesetzgebung produzierte der Art. 84 Abs. 1 GG a. F. Er sah vor, dass die Länder bei Bundesgesetzen, die sie auszuführen haben, die Behördenorganisation und das Verwaltungsverfahren bestimmen. Dann ist der entscheidende Halbsatz angefügt: „soweit nicht Bundesgesetze mit Zustimmung des Bundesrates etwas anderes bestim-

---

sinnvoll erscheint, statt den Verfassungsgeber auf seine Fehler aufmerksam zu machen, ist nur ein Beispiel (BVerfGE 111, 10, 30). Was sofort die Folge nach sich zieht, dass die Nichtanwendung auch für Fälle propagiert wird, für die der vom Gericht angenommene Zwang gar nicht besteht. Siehe zum Beispiel *Friedrich Schoch*, Verfassungswidrigkeit des bundesgesetzlichen Durchgriffs auf Kommunen, DVBl. 2007, 262, 265 und dazu *Hans Meyer* (s. Anm. 29), S. 131–133.

men." Das Bundesverfassungsgericht hat schon früh sehr formalistisch und keineswegs zwingend die These entwickelt, das Zustimmungsrecht bezöge sich in diesen Fällen auf das ganze Gesetz („Einheitsthese") und nicht nur auf die „etwas anderes" bestimmenden Vorschriften, die der eigentlich Grund für das Zustimmungsrecht sind. Die Konsequenz war, dass die im Bundesrat vertretenen Länder eine Zustimmung mit gutem Gewissen auch oder gar vorrangig wegen des politischen Inhalts des Gesetzes ablehnen konnten und nicht nur wegen ihnen nicht passender Organisations- und Verfahrensregeln. Das ermöglichte dem Bundesrat, bei gegenläufigen parteipolitischen Mehrheiten zum Bundestag, die erfolgreichere Bundesopposition zu spielen. Knapp fünfzig Jahre später haben zwar beide Senate zart zu erkennen gegeben, dass sie die These für überprüfungsbedürftig halten,[48] auf die Verhandlungen der Kommission konnte sich das freilich nicht mehr auswirken.

Die schon in der Kommission gefundene Lösung ist, den Ländern statt des Zustimmungsrechts ein Abweichungsrecht gegenüber Organisations- oder Verfahrensregeln des Bundes einzuräumen. Man sollte meinen, dass das ein fairer und zugleich zumindest vertretbarer Kompromiss ist. Den Ministerpräsidenten war aber klar, dass sie damit nicht unerheblich an Einfluss auf die Bundespolitik verlieren würden. Also sannen sie auf eine weitere Kompensation, die nur in einem bisher nicht bestehenden Zustimmungsrecht zu Gesetzen bestehen konnte. Drastisch ausgedrückt, erklärten sich die Frösche mit der Trockenlegung des Sumpfes einverstanden, bestanden aber auf der Anlegung eines Tümpels, wobei die Kunst darin bestand, dessen Ausmaß im Ungewissen zu belassen.

Dieser Tümpel ist der neue Art. 104a Abs. 4 GG, der dem Bundesrat ein bisher nicht bestehendes Zustimmungsrecht für Bundesgesetze einräumt, welche die Ländern in bestimmter Weise zu von ihnen zu tragenden Geldleistungen[49], geldwerten Sachleistungen oder vergleichbaren Dienstleistungen verpflichten. Die Ministerpräsidenten hatten in einer gemeinsamen Erklärung verlauten lassen, das Zustimmungsrecht solle nur in Fällen „erheblicher Leistungen" entstehen. Diese Haltung wurde nicht nur bis zum Schluss der Beratungen durchgehalten und auch notifiziert, auch *nach* Inkrafttreten der Reform hat der wichtigste Verhandlungsführer sozusagen des zweiten Gliedes auf Länderseite die Haltung noch einmal

---

48   Siehe näher *Hans Meyer*, Die Föderalismusreform 2006, 2008, S. 66–67.

49   Bei Geldleistungen waren ihnen vorher ein Zustimmungsrecht nur eingeräumt, wenn der Bund nicht mehr als drei Viertel der Kosten übernahm (Art. 104a Abs. 3 Satz 3 GG a. F.).

betont.[50] Gleichwohl weigerten sich die Ministerpräsidenten, diesen von ihnen als unstreitig behaupteten Inhalt der neuen Regelung in das Grundgesetz zu schreiben.[51] Der Begriff sei zu unbestimmt. Das ist nicht nur angesichts der Vielzahl mindestens so unbestimmter Begriffe in der Finanzverfassung[52] eine bemerkenswerte Argumentation. Sie ist vielmehr auch grob widersprüchlich. Warum sollte der Begriff außerhalb der Verfassung einen sichereren Inhalt haben, als wenn er in der Verfassung hineingeschrieben würde? In der oben geschilderten Basarmentalität nimmt man es eben nicht so genau. Neben die berühmt-berüchtigten dilatorischen Formelkompromisse ist hier der dilatorische Formkompromiss getreten.

Ist nun für das Bundesverfassungsgericht im Streitfall der im ganzen Verfahren und noch danach hinreichend deutlich, aber eben nicht im Verfassungstext zum Ausdruck gekommene gemeinschaftliche Wille der Verfassungs-Vertragsparteien maßgebend oder die Nichteinigung über die Aufnahme im Verfassungstext? Für den Erfolg der Reform zum Komplex „Entflechtung" ist das eine entscheidende Weichenstellung. Angesichts der breiten Trias von Anwendungsfällen, die mit „Geldleistungen", „geldwerten Sachleistungen" und „vergleichbaren Dienstleistungen" als Gegenständen von Gesetzen umschrieben ist, würde jegliche, auch die geringste finanzielle Belastung der Länder ein Zustimmungsrecht auslösen. Dem könnte der Bund auch nicht wie beim alten Art. 84 Abs. 1 GG durch Trennung in zwei Gesetze ausweichen. Möglicherweise war das Kalkül – man weiß es nicht, weil es keine Begründung gibt –, es könne in einem Verfassungsprozess vielleicht doch darauf ankommen, dass das Merkmal nicht in die Verfassung aufgenommen worden ist. Indem zum Beispiel das Bundesverfassungsgericht, wenn es wenigstens Bagatellfälle von der Regelung ausnehmen wollte, sie unterhalb der Erheblichkeitsschwelle ansiedelte. Freilich wäre die Annahme, Bagatellfälle

---

50 *Walter Schön*, Staatskanzleichef und rechte Hand Stoibers während der ganzen Verhandlungen, in dem von ihm mitherausgegebenen und schon erwähnten Sammelwerk (s. Anm. 43) S. 76.

51 Die Vorstellung, die Umschreibung der drei Alternativen sei restriktiv genug, beruht vor allem auf dem Prinzip Hoffnung.

52 So wird die zwischen Bund und Ländern immer umstrittene und gewichtige Umsatzsteuerverteilung in Art. 106 Abs. 3 Satz 4 GG nicht nur von der Einigung über „die notwendigen Ausgaben", die beide Seiten haben, abhängig gemacht – die Einigung ergibt regelmäßig einen Rest von Uneinigkeit über 7 bis 8 Milliarden –, es wird auch verlangt, dass „ein billiger Ausgleich erzielt wird", die „Überbelastung der Steuerpflichtigen vermieden und die Einheitlichkeit der Lebensverhältnisse im Bundesgebiet gewahrt wird".

seien ausgenommen, mindestens so kühn wie der Rückzug auf das, was die „Verfassungsvertrags-Parteien" wirklich gewollt haben.

Noch über das Inkrafttreten des Art. 104a Abs. 4 GG hinaus streiten die beiden Formulierer der Kompromisse, *Holtschneider* und *Schön* darum, ob der Bund in solchen Fällen das Zustimmungsrecht „abkaufen" könne. Das wäre sinnvoll, weil ja der Grund für das Vetorecht die Belastung der Länder ist. Nach der Verfassungslage ist das aber nicht zulässig, weil sich die Länder geweigert haben, eine ausdrückliche Erlaubnis des Bundes zu zahlen in die Verfassung aufzunehmen. Eine solche ist aber nötig, wie auch das Beispiel des Art. 104a Abs. 3 GG zeigt, da Art. 104a Abs. 1 GG ohne sie die Übernahme von Kosten fremder Aufgaben verbietet. Da nun die beiden zentralen Akteure den von ihnen Vertretenen auf Bundes- wie auf Landesseite in den jeweiligen internen Gesprächen nichts anderes vermitteln konnten, als ihre eigene Rechtssicht, sind beide Seiten von einem unterschiedlichen Inhalt der vereinbarten Formulierung ausgegangen. Müsste man darauf, da es sich materiell um Verfassungsverhandlungen, also um einen Verfassungsvertrag handelt, nicht die Konsequenzen des Vertragsrechts anwenden? Andernfalls hätten die Länder mit diesem Artikel einen rabiaten neuen Verflechtungstatbestand erzwungen, dessen Auswirkung je nach Auslegung den Art. 84 Abs. 1 GG a. F. in den Schatten stellen kann, zumal ein Ausweg durch Aufspaltung des Gesetzes anders als dort nicht gangbar ist. Der Tümpel hat also tatsächlich sehr unsichere Ausmaße.

Art. 84 Abs. 1 GG gibt in Satz 5 noch ein weiteres Beispiel basarhaften Verhaltens. Vor allem das Umweltressort drängte auf die Möglichkeit, weiterhin und unter den alten Bedingungen eines Zustimmungsrechts des Bundesrates, *verbindliche* Verwaltungsverfahrensregeln vorsehen zu können. Da die Effizienz des Umweltschutzes durch das Verfahren stark gesteuert werden kann, war das einsichtig. Die Länder anerkannten die Notwendigkeit eines Umweltgesetzbuches, drängten aber auf eine restriktive Fassung des Satz 5. Das Ergebnis ist, dass der Bund nach dem Text der Verfassung nicht nur ein Bedürfnis nach bundeseinheitlicher Regelung des Verfahrens darzutun hat, was unmittelbar einsichtig ist, sondern dass dieses Bedürfnis auch noch ein „besonderes" sein muss. Worin die „Besonderheit" bestehen soll, bleibt dunkel. Vielleicht ist auch nur ein gesteigertes Bedürfnis gemeint, was auch schon schwierig zu definieren wäre. Damit aber nicht genug, die Kompetenz soll zusätzlich nur „in Ausnahmefällen" bestehen, worüber man ins Sinnieren gerät, ob der Maßstab für den Ausnahmefall die gesamte Rechtsordnung des Bundes, die Gesetze auf dem entsprechenden Gebiet oder die in einer Legislaturperiode oder ob es die zu diesen oder ähnlichen Verfahrensregeln sein soll. Da den Beteiligten offensichtlich zum Schluss zwar klar war, dass sie mit diesen drei Sperren wohl eine Menge ausgeschlossen hatten, aber keineswegs mehr klar war, was sie alles ausgeschlossen hatten, einigten sie sich darauf, in der Begründung der Verfassungsänderung jedenfalls festzulegen, dass Verfahrensregeln eines Umweltgesetzbuches „regelmäßig einen Ausnahmefall im Sinne" der Vorschrift „darstellen". [53] Solche Produkte zähen Schacherns kann man getrost zur Kategorie „Verfassungsmüll" zählen.

2. Die Neuverteilung der Gesetzgebungskompetenzen

Der zweite große Komplex ist die Neuaufteilung der Gesetzgebungskompetenzen. Hier ist erst während der Beratungen der Bundesstaatskommission den Beteiligten klar geworden, welcher Fehler es bei der Reform 1994 gewesen ist, anstatt den Ländern Gesetzgebungsmaterien zu überlassen, den Bund bei der Ausübung seiner konkurrierenden Gesetzgebung zu beschränken, ein Fehler, der durch eine überaus rabiate Verschärfung dieser Entscheidung durch das Bundesverfassungsgericht noch potenziert wurde. Nach dieser Rechtsprechung war es sogar unsicher, ob der Bund noch das Mietrecht neu gestalten könnte. Die Geschichte ist nicht ohne Ironie.

Der Parlamentarische Rat sah unter dem kritischen Auge der Besatzungsmächte im Gegensatz zur Weimarer Verfassung[54] bei der konkurrierenden Gesetzgebung allgemeine Voraussetzungen für die Ausübung der Kompetenz durch den Bund vor. Sie sollten aber keine ernsthafte Bindung darstellen, vielmehr sollte es im Ermessen des Bundestages stehen, das verlangte Bedürfnis nach bundesgesetzlicher Regelung festzustellen. Das Bundesverfassungsgericht hat sich bis zur Reform 1994 daran gehalten. Weil die Voraussetzungen keine ernsthafte Schranke darstellen sollten, nimmt es nicht wunder, dass einem zum Beispiel mehr als Zweifel befallen können, ob die 1949 in Art. 74 GG noch vorhandene Materie der konkurrierenden Gesetzgebung „Staatsangehörigkeit der Länder"[55] von einzelnen Länder nicht hätte wirksam geregelt werden können, eine solche Regelung die Interessen anderer Länder oder der Gesamtheit hätte beeinträchtigen können oder gar die Wahrung der Rechts- oder Wirtschaftseinheit, insbesondere die Wahrung der Einheitlichkeit der Lebensverhältnisse über ein Land hinaus ein Bundesgesetz erfordert hätten. Das waren bis 1994 die drei möglichen Begründungen für eine Bundesgesetzgebungskompetenz.

---

[53] BT-Drucks. 16/813 S. 15 zu Nr. 9. am Ende.

[54] Nur in zwei Fällen war die Notwendigkeit eines Bedürfnisses nach einheitlicher Regelung vorgesehen (Art. 9 WRV).

[55] Die es damals noch gab: Art. 74 Nr. 8 GG Ursprungsfassung.

Das heißt aber nichts anderes, als dass der Parlamentarische Rat, wenn man ihm nicht Widersprüchlichkeit vorwerfen will, die Voraussetzungen nur zur Beruhigung der Besatzungsmächte aufgestellt hatte.

Als man 1994 beschloss, die Anforderungen an die Ausübung der konkurrierenden Gesetzgebung durch den Bund zu verschärfen und nur noch die Erforderlichkeit für die Rechts- oder Wirtschaftseinheit oder für „die Herstellung gleichwertiger Lebensverhältnisse im Bundesgebiet" ausreichen zu lassen, übersah man offensichtlich, dass für eine ganze Reihe der aufgezählten Materien, die nach der Verfassung prinzipiell weiterhin dem Bund offen stehen sollten, die Voraussetzungen jetzt gar nicht zutreffen konnten. Für die Rechts- oder Wirtschaftseinheit sind, um das kurioseste Beispiel zu nehmen, bundeseinheitliche Regeln über die Gräber von Kriegsopfern und anderer Opfer von Gewaltverbrechen sicherlich nicht „erforderlich", geschweige denn für die Herstellung gleichwertiger Lebensverhältnisse.[56] Sarkastisch könnte man sagen, höchstens gehe es um gleichwertige Ruhensverhältnisse. Und was soll die „Förderung der wissenschaftlichen Forschung" (Art. 74 Abs. 1 Nr. 13 GG) als Gesetzgebungsmaterie mit den drei Voraussetzungen zu tun haben?

Diese mangelnde Durchdachtheit der 94er Änderung ist aber noch harmlos gegenüber dem, was das Bundesverfassungsgericht daraus in dem durchaus ambitiös und damit wegweisend begründeten Altenpflegeurteil gemacht hat.[57] Aus dem positiven Auftrag der „Herstellung gleichwertiger Lebensverhältnisse" wird die Vermeidung von Lebensverhältnissen, die sich in erheblicher, das bundesstaatliche Sozialgefüge beeinträchtigender Weise auseinander entwickeln. Und aus dem positiven Wert der Rechtseinheit wird die Abwehr einer nicht mehr hinnehmbaren Rechtszersplitterung mit problematischen Folgen. In beiden Fällen begründet, grob gesprochen, nur ein Katastrophenfall die Bundeskompetenz. Lediglich bei der Wirtschaftseinheit ist der Zweite Senat gnädiger, aber auch unberechenbarer. Einheitliche Berufsausbildungsregeln hat es im Altenpflegeurteil akzeptiert, im Juniorprofessurenurteil aber nicht.[58]

Wenn mein Eindruck richtig ist, hat erst der Hinweis aus der Wissenschaft in der Bundesstaatskommission die Bundespolitiker aufgeschreckt, dass nach dieser Rechtsprechung, wie oben schon erwähnt, höchst unsicher

---

[56] Diesen Kompetenztitel hat man auch 2006 noch in der konkurrierenden Gesetzgebung belassen, während man den verwandten der „Versorgung der Kriegsbeschädigten und Kriegshinterbliebenen und die Fürsorge für die ehemaligen Kriegsgefangenen" in die ausschließliche Gesetzgebungskompetenz des Bundes genommen hat (Art. 73 Abs. 1 Nr. 13 GG).

[57] BVerfGE 106, 62, 143 – 148.

[58] Und zwar nicht, weil die rahmenrechtswidrig seien, sondern weil sie dem Art. 72 Abs. 2 GG nicht genügten (BVerfGE 111, 226, 265 ff.).

ist, ob der Bund das Mietrecht als ein lokalbezogenes Recht und einer der Kernbereiche des Bürgerlichen Gesetzbuches noch werde reformieren können. Die Folge ist der zweite große Reformblock der Reform 2006: Zwei Drittel aller Materien der konkurrierenden Gesetzgebung sind von den Voraussetzungen des Art. 72 Abs. 2 GG befreit worden, selbstverständlich auch das Bürgerliche Recht. Man ist also für alle diese Materien zum Normalstatus der Weimarer Verfassung zurückgekehrt.

Es unterliegen aber weiterhin brisante Materien diesen Voraussetzungen. Eine Erklärung darüber, warum man das sehr umfangreiche „Recht der Wirtschaft" oder die „Fürsorge", wie der altväterliche, aber extensivst ausgelegte Begriff für die außerordentlich verzweigte Sozialgesetzgebung heißt, weiterhin den Voraussetzungen unterwirft, das Arbeitsrecht aber zum Beispiel nicht mehr, verschweigen die Autoren der Reform. Über eine nachträgliche Rechtfertigung könnte man ja erneut in Streit geraten.

Nun mag man die Hoffnung haben, die Ministerialbürokratie werde sich schon auf die neuen Begründungszwänge einstellen oder das Gericht ändere still seine Rechtsprechung. Bisher ist auch noch nichts passiert. Solange große Koalitionen regieren, sind auch keine Probleme zu erwarten. Der Prüfstein wird der Normalfall einer kleinen Koalition im Bund werden, die zudem mit einer andersfarbigen Mehrheit im Bundesrat konfrontiert ist.

Für die weiterhin den Voraussetzungen unterfallenden Materien und das entsprechende Rechtsmaterial stellt sich ein zusätzliches Problem, das sich in den 1994 ebenfalls nicht glücklich gelösten Überleitungsproblemen fortsetzt.

Das Altenpflegeurteil hat nämlich – und in diesem Punkte durchaus zu Recht –, darauf hingewiesen, dass der Bund nach der Neuformulierung des Art. 72 Abs. 2 GG im Jahre 1994 die Kompetenz für jede einzelne Norm eines Gesetzes nachweisen muss.[59] Das ist die zweite große Schwäche der 94er Reform. Unter der Geltung des alten Art. 72 Abs. 2 GG ist das Problem nie thematisiert worden, weil man davon ausging, dass die – in der Regel unproblematische – Gesetzgebungsbefugnis für eine Materie das Recht zu deren umfassenden Regelung enthielt. Das ist für Rechtsunterworfene wie Rechtsanwender auch allein sinnvoll, weil sie es so nur mit *einer* Rechtsquelle zu tun haben. Das Bundesverfassungsgericht hat sogar darauf hingewiesen, es widerspreche der Systematik des Grundgesetzes, dass für eine Materie unterschiedliche Gesetzgebungsherren zuständig seien.[60] Selbst unter bundesstaatlichen Gesichtspunkten ist

---

[59]   BVerfGE 106, 110, 149.

[60]   BVerfGE 111, 10, 29: "Die andernfalls entstehende Mischlage aus Bundes- und Landesrecht für einen und denselben Regelungsgegenstand im

diese Konsequenz aus dem 1994 geänderten Art. 72 Abs. 2 GG wenig sinnvoll, weil in der Regel nur für die wichtigen Gesetzesinhalte dessen Voraussetzungen vorliegen. Die Länder werden also auf eine bloße und nicht gerade attraktive Abrundungsgesetzgebung zur selben Materie verwiesen.

Ein konzeptionelles Herangehen an die damit aufgeworfenen Fragen hätte zu der Überlegung geführt, ob man nicht wieder zur Weisheit des Parlamentarischen Rates zurückkehren und, da man keinen Besatzungsmächten mehr etwas vormachen muss, gleich die Weimarer Tradition wieder aufgreifen solle, wonach die Nutzung der konkurrierenden Gesetzgebung durch den Bund an Voraussetzungen nicht gebunden ist. Das hätte auch wieder die Vollregelung einer Materie durch den Bund ermöglicht. Als Gegenzug hätte man mutiger sein sollen in der Übertragung von Gesetzgebungsmaterien auf die Länder. Man hätte nur Kriterien dafür entwickeln müssen.

Als ein in der Sache zweifelhaftes Verhandlungsergebnis und nicht als sinnvolle Lösung eines Problems lässt sich auch die neue konkurrierende Gesetzgebungsbefugnis des Bundes mit Abweichungsrecht für die Länder bezeichnen. Die Materien mussten den Voraussetzungen des Art. 72 Abs. 2 GG entzogen werden, weil die Regelung sonst grob widersprüchlich geworden wäre. Sie stammen alle aus der aufgegebenen Rahmengesetzgebung, die am meisten unter ihrem Namen gelitten hat[61] und nach der extremen Rechtsprechung des Bundesverfassungsgerichts im Juniorprofessorenurteil als eine sinnvolle Bundesgesetzgebungskompetenz nicht mehr zu halten war. Man hätte sich aber die schwierigen und prozessanfälligen Abgrenzungen zwischen den abweichungsfesten Kernen und dem abweichungsfreien Fleisch ebenso ersparen können, wie die Zustimmung des Bundes zu einem automatischen halbjährigen Moratorium für das Inkrafttreten der entsprechenden Bundesgesetze, die Art. 72 Abs. 2 Satz 2 vorsieht. Gegen diese Gängelung hätte der Bundestag als Ganzes aufbegehren müssen, was er aber nicht tat.

Welch unverzichtbares Bundesinteresse wäre verletzt worden, wenn er das Jagdrecht[62], die bisher nie genutzte Materie „Bodenverteilung" und die Raumordnung der Länder, denn nur um die handelt es sich wegen

---

selben Anwendungsbereich wäre im bestehenden System der Gesetzgebung ein Fremdkörper."

[61] Weil die Assoziation mit dem Bilderrahmen übermächtig war, obwohl der Maler den Rahmen nach Fertigstellung des Bildes auszuwählen pflegt, das Rahmenrecht aber dem Inhalt des Rahmens Vorgaben machen sollte.

[62] Für das sich vor allem der Lobbyismus stark gemacht und gewichtige Führsprecher gefunden hat.

des Herkommens aus Art. 75 GG a. F., den Ländern ganz überlassen hätte und dafür den zusammenhängenden, vor allem umweltrechtlichen Komplex von Naturschutz, Landschaftspflege und Wasserhaushalt für sich reklamiert hätte?[63]

Es ist die Annahme wohl nicht abwegig, dass auf Länderseite für diesen eigenartigen Zwitter zulässigen bundeseinheitlichen Rechts, das aber nicht einheitlich bleiben muss, zwei Überlegungen Pate standen. Zum einen wollten vor allem die starken Länder in eine gewisse Konkurrenz zum Bund treten können. Dafür spricht, dass schon auf der ersten Sitzung der Bundesstaatskommission Vertreter gerade großer (West-)Länder auf ein generelles Abweichungsrecht, Zugriffsrecht genannt, drängten.[64] Zum anderen erhoffte man sich hier – entgegen den Zielen, für die man offiziell angetreten war – einen neuen Verflechtungstatbestand, der Einfluss verspricht. Es ist nämlich nicht unwahrscheinlich, sondern eher naheliegend, dass das Abweichungsrecht von den Ländern genutzt wird, auf die Gestaltung des Bundesrechts gegen das Versprechen nicht abzuweichen einzuwirken. Wenn das zutrifft, dann ist das Abweichungsrecht ein weiteres Beispiel für eine typische Verhandlungslösung.

Die 1994er Reform hat auch mit ihrem *Überleitungsrecht* der Art. 125a ff. GG keine glückliche Hand gehabt. Statt die mittlerweile virulent gewordenen Probleme zu beseitigen, hat die Reform 2006 darauf aufgebaut. Die erste Grundentscheidung ist, Bundesgesetze als solche weiter gelten zu lassen, obwohl die Gesetzgebungsherrschaft auf die Länder übertragen worden ist. Wenn auch jedes Land das Bundesgesetz „ersetzen" kann, so führt das regelmäßig doch nur zu einem Flickenteppich von Bundes- und Landesrecht für dieselbe Rechtsmaterie. Wichtiger ist aber, dass das Bundesrecht versteinert, weil weder der Bund noch auch die Länder es korrigieren können. Dem Bund fehlt die Rechtsetzungsmacht, weil er sie durch die Reform verloren hat, den Länder ist es nur erlaubt, das Bundesrecht zu ersetzen, nicht aber zu modifizieren. Dabei hätte ein Blick auf den Parlamentarischen Rat und dessen Regeln in Art. 123 ff. GG Aufschluss darüber geben können, wie leicht man das Problem lösen kann: mit dem Übergang der Rechtsetzungsherrschaft geht das bis dahin auf dem Gebiet gesetzte Recht auf den neuen Rechtsträger über. Die Angst

---

[63] Bei der Restfunktion im Hochschulrecht, das im übrigen ganz den Länder überantwortet wurde, hätte er ebenfalls aus der Sache heraus für eine abweichungsfreie Kompetenz votieren müssen.

[64] Teilweise in der gefälligeren Variante, zur Entlastung schwächerer Länder eine Bundesgesetzgebung zu erlauben, die aber für stärkere nicht notwendig sei (s. die Ministerpräsidenten *Stoiber*, Kommissionsprotokoll 1 S. 5 B, *Teufel*, a. a. O., S. 8/9 und *Steinbrück*, a. a. O., S. 11 A).

der schwachen Länder, nicht die gehörige Kapazität zu Gesetzesreformen zu haben, ist unberechtigt, da sie sich des übergeleiteten Rechts annehmen können, wann immer sie Kapazität frei haben. Sie brauchen es auch nicht zu ersetzen, sondern können sich mit Modifizierungen zufrieden geben. Art. 125 Abs. 1 GG hat mit der Reform 2006, die nichts geändert hat, an Bedeutung erheblich zugenommen,[65] weil ein nicht unerheblicher Teil von Gesetzgebungskompetenzen zu den Ländern gewandert ist. Bei bloßen Verhandlungslösungen laufen Überleitungsbestimmungen Gefahr, als mindere Materie angesehen zu werden. Diese Gefahr scheint sich hier realisiert zu haben.

Art. 125a Abs. 2 GG hat zwar durch die Reform an Bedeutung verloren, weil eine nicht unerhebliche Zahl von Materien der konkurrierenden Gesetzgebung den Fährnissen des Art. 72 Abs. 2 GG entzogen worden sind. Es bleibt aber ein nicht unwesentlicher Rest. Nach Art. 125a Abs. 2 Satz 1 GG gilt das *vor* der Reform 1994 unter den großzügigen Voraussetzungen des Art. 72 Abs. 2 GG der Ursprungsfassung erlassene Altrecht als Bundesrecht selbst dann weiter, wenn es nach dem strengeren Art. 72 Abs. 2 GG der Reform 1994 nicht mehr erlassen werden könnte. Der Bund kann die Länder insoweit aber zur Gesetzgebung zuständig machen, was er bisher noch nicht getan hat. Nicht nur aus einem puren Besitzstandsdenken der Ressorts resultiert diese Haltung, sondern auch aus einer Schwierigkeit in der Sache. Es ist nämlich auch nicht annähernd sicher, welche Normen eines alten Bundesgesetzes den neuen Anforderungen des Art. 72 Abs. 2 GG nicht entsprechen, weil sie nicht nur für ganze Gesetze, sondern auch für einzelne Bestimmungen in ihnen gilt, wie oben gezeigt ist. Beim Ladenschlussgesetz trat der Glücksfall ein, dass ein ganzes Gesetz dem nicht entsprach. Regelmäßig werden es aber nur Teile oder nur einzelne Vorschriften sein.

Obwohl sich das Bundesverfassungsgericht im Ladenschlussurteil mit einer als Form der gerichtlichen Notwehr anzusehenden Nichtanwendung des 1994 geänderten Art. 72 Abs. 2 GG geholfen hat,[66] ist die Gefahr keineswegs gebannt, dass nicht unerhebliche Teile des Altrechts, also des vor der Reform 1994 erlassenen Bundesrechts auf der Basis konkurrierender Gesetzgebungsbefugnis, für das Art. 72 Abs. 2 GG weiterhin gilt, versteinern wird. Der Bund kann den Ländern zwar eine Ersetzungsbefugnis geben. Er hat das in den 12 Jahren der Geltung des Art. 125a Abs. 2 GG seit der Reform 1994 noch nie getan. Dahinter stehen nicht nur Ressortinteressen, sondern, wie gezeigt, auch erhebliche

---

[65] Art. 125a Abs. 1 GG in der Fassung der Reform 1994 hat keine Rolle gespielt. Es gab auch nur zwei denkbare Fälle.

[66] BVerfGE 111, 10, 30.

Schwierigkeiten, zu fixieren, welche Einzelbestimmungen eines Gesetzes denn den Anforderungen des Art. 72 Abs. 2 GG nicht entsprechen. Auch die Lösung des Gerichts, contra constitutionem den Art. 72 Abs. 2 GG auf bundesgesetzliche „Modifizierungen" nicht anzuwenden und lediglich „Neukonzeptionen" auszuschließen, ist unbefriedigend. Grob gesprochen sind nämlich „Neukonzeptionen" das, was das Gericht nicht zu akzeptieren bereit ist.[67] Immerhin handelt es sich auch nach der Reform mit zum Beispiel dem ganzen Sozial- und dem ganzen Wirtschaftsrecht um einen beträchtlichen Teil des bestehenden Rechts.

In diesem Zusammenhang ist den Verhandlungspartnern einer der kuriosesten Kompromisse gelungen, welchen die Reform kennt. Obwohl es nach dem materiellen Verfassungsrecht keinen Anspruch der Länder auf eine Ersetzungsermächtigung durch den Bund gibt, ist den Verhandlungspartnern eingefallen, dem Bundesverfassungsgericht in einem besonderen Verfahren (Art. 93 Abs. 2 GG) eine Kompetenz zu geben, nicht nur diese nicht vorhandene Verpflichtung gegenüber dem Bund festzustellen, sondern ihre Realisation durch Richterspruch selbst zu bewirken. Es ist wohl der einzige Fall, in dem das Bundesverfassungsgericht verpflichtet ist, eine Rechtslage herzustellen, der das materiellrechtliche Verfassungsrecht nicht entspricht. Etwas für Liebhaber oder Spötter des Prozessrechts. In Wirklichkeit ging es nur darum, den schwarzen Peter des Beschwerdeführers vor dem Bundesverfassungsgericht den Ländern zu geben und sie dafür mit einem der Verfassung nicht bekannten Anspruch zu entlohnen. Ein besonders unschönes Produkt der Basarmentalität.

Die Probleme des Art. 72 GG und der ihm folgenden Überleitungsbestimmungen sind also mit der Reform 2006 keineswegs alle gelöst. Wenn das Bundesverfassungsgericht seine Rechtsprechung aus dem Altenpflegurteil nicht revidiert, bedarf es keiner großen Prophezeiung, dass Art. 72 Abs. 2 GG und mit ihm die Überleitungsbestimmungen erneut auf den Prüfstand kommen. Mit einer vollständigen Beseitigung des Art. 72 Abs. 2 GG, also der praktischen Rückkehr zu den Intentionen des Parlamentarischen Rates würden sich zugleich erhebliche Probleme des Überleitungsrechts erübrigen.

---

[67] Das Gericht lässt nämlich offen, ob die Neukonzeption sich nach der Relation zum gesamten Gesetz, zu Teilen des Gesetzes oder gar zu einzelnen Vorschriften bemisst. Da der Bund seine Gesetzgebungsmaschinerie nicht in Gang setzen wird, wenn es ihm nicht um wichtigere Dinge geht, ist das Verdikt der Neukonzeption immer zu begründen. Also unterbleibt im Zweifel eine Änderung, das Gesetz versteinert.

3. Lösung von Finanzproblemen

Der dritte Hauptblock der Reform betrifft Finanzfragen. Wenig problematisch, aber in ihrem Ergebnis typisch für eine pure Verhandlungslösung gegenüber einer konzeptionellen Lösung waren die Haftungsfragen, die im Kern mögliche Haftungsfälle gegenüber der europäischen Gemeinschaft meinen. Dass eine Haftung aus dem Stabilitätspakt letztlich Bund wie Länder trifft, war selbstverständlich, konzeptionell hätte eine Haftung nach dem Maß der Verursachung, also der Staatsverschuldung, sich aufgedrängt. Die Länder haben dem Bund aber eine Haftung von 65% in jedem Fall abgerungen und selbst untereinander tragen die Verursacher nur 65% der übrig bleibenden 35%. Die anderen Länder tragen 35% dieser 35%, und zwar nach der Einwohnerzahl, was zu Lasten der ärmeren Ostländer geht. Hat das irgendeine Logik, die einer Verfassung angemessen wäre? Auf dem Basar ließe sie sich sicher finden.

Bei der Haftung aus Verletzung anderer, vor allem auch europarechtlicher Verpflichtungen geht es wenigstens primär nach dem Verursachungsprinzip. Aber auch hier weicht man zu Lasten des Bundes bei länderübergreifenden Finanzkorrekturen[68] davon ab (Art. 104a Abs. 6 GG). Hier muss der Bund in jedem Fall 15% übernehmen. Eine von einem Landesminister tradierte Rechtfertigung lautet, der Bund trage eine Mitverantwortung, wenn es den Ländern nicht möglich ist, das europäische Recht korrekt anzuwenden.[69]

Sehr viel kontroverser ging es bei den vielfältigen Verflechtungen zwischen Bund und Ländern im Bereich der Gemeinschaftsaufgaben und der Finanzhilfen des Bundes zu. Die sachlichen Probleme liegen zum einen in der Tatsache, dass jede Gemeinschaftsaufgabe das Politikfeld privilegiert, da es den Ländern auf diesem Gebiet eine bis zur Hälfte billigere Realisierung ihrer Ziele ermöglicht. Zum anderen führt eine Mitfinanzierung des Bundes regelmäßig zu Abhängigkeiten, die mit dem Begriff des goldenen Zügels plastisch ausgedrückt ist. Dem Bund ermöglicht die Gemeinschaftsaufgabe, Politiken zu betreiben, für die ihm die sachliche Zuständigkeit fehlt. Bei den Finanzhilfen hatten sich Dauerfinanzierungen von Landesaufgaben durch den Bund eingeschlichen,

---

[68] Das ist die vom EUGH gebilligte Praxis, bei Fehlverwendung europäischer Mittel durch einige Bundesländer auf die Fehlverwendung bei allen entsprechend vorgehenden Ländern zu schließen.

[69] So der hessische Minister *Jochen Riebel* in Holtschneider/Schön (Hrsg.), Reform des Bundesstaates (s. Anm. 41), S. 355/356. Wenn es um Geld geht, verleugnet man die sonst vehement vertretene These der Eigenstaatlichkeit und die ihr entsprechende Verantwortung.

die mit der Systematik des Finanzausgleichs im weiteren Sinne schwer zu vereinbaren waren

Ursprünglich war man über eine Abschaffung der unechten Gemeinschaftsaufgaben des Art. 91a GG, also der Finanzierung des Bundes von Landesaufgaben, einig. Dann aber obsiegten die Lobbyinteressen der Landwirtschaft, die Ressortinteressen des zuständigen Bundesministeriums und die Befürchtungen der Küstenländer, auf dem Küstenschutz allein sitzen zu bleiben und der Ostländer, einen angenehmen Nebenfinanzausgleich zu verlieren, so dass schließlich, erkennbar zur Verblüffung aller, der Wegfall der Gemeinschaftsaufgabe Hochschulbau übrig blieb. Nicht das Ergebnis, sondern seine mangelnde Begründbarkeit zeigt, dass es nicht um konzeptionelle Arbeit, sondern um Berücksichtigung spezieller Machtinteressen ging.

Man war schnell einig, die gemeinsame Forschungsförderung zu erhalten und die als solche schon lange nicht mehr praktizierte Bildungsplanung aufzugeben. Diese hatte der Bund, freilich mit Duldung der Länder, dazu benutzt, über Pilotprojekte, die sich schnell zu Dauerprojekten auswuchsen, Bildungspolitik zu betreiben. Die Länder verfochten vielmehr den Anspruch, vom Kindergarten bis zur Hochschule sei alles ihr Revier. Entsprechend wurde auch eine institutionelle Finanzierung der Hochschulen durch den Bund abgelehnt. Durch eine entsprechend restriktive Fassung der Vorschriften über Finanzhilfen des Bundes für Investitionen der Länder oder Kommunen im neuen Art. 104b GG sollten auch Umgehungen ausgeschlossen werden.

In der Hektik der letzten Beratungen deckten aber die gefundenen Formulierungen das Gewünschte nicht ab. Außerdem verhandelte schon die zuständige Bundesministerin mit einigen Wissenschaftsministern der Länder über einen gemeinsam zu finanzierenden Pakt zur Bewältigung des nächsten Studentenberges,[70] der aus demographischen Gründen absehbar war. Der Pakt wäre eine flagrante Umgehung des Beschlossenen gewesen. In der Rechtsausschussanhörung wurden die beiden Ungereimtheiten, welche die Länder wesentlich mit zu verantworten hatten, erörtert. Und in dem Punkte der Wissenschaftsfinanzierung ist denn auch noch eine nicht unwesentliche Änderung des Entwurfs durchgesetzt worden,[71]

---

[70] Die etwas zu pfiffige Idee war, dass der Bund den Ländern Forschungsmittel in Höhe der für den Studentenberg notwendigen Mittel gibt, und zwar gegen das Versprechen der Länder, den entsprechenden Betrag an Landesforschungsmittel nur für die Lehre auszugeben.

[71] Indem in Art. 91b Abs. 1 Satz 1 Nr. 2 GG neben die Vorhaben der Forschung auch die „Vorhaben der Wissenschaft an den Hochschulen" getreten sind, die vom Bund mitfinanziert werden können.

wobei auch eine Rolle spielte, dass die Bildungspolitiker im Bundestag die Mehrheit für die Verfassungsänderung hätten gefährden können.

Wie wenig konsequent die Länder in ihrer Haltung sind, zeigte sich, als sie ohne Widerspruch eine Bundesministerin den Ausbau der Krippenplätze propagieren ließen, obwohl sie in der Kommission gerade auch den Kindergarten als Reservat der Länder – und das zu Recht –propagiert hatten. Es ging ihnen schließlich nur noch darum, den Bund an der Finanzierung zu beteiligen. Art. 104b GG verlangt aber zum einen „bedeutsame" Investitionen und ob zum anderen die Krippen „zur Förderung des wirtschaftlichen Wachstums erforderlich sind", darf doch wohl bei dem insgesamt bescheidenen und über Jahre gestreckten Volumen der Finanzierung mit Fug bezweifelt werden. Zum dritten ist gar nicht bemerkt worden, dass eine entsprechende Gesetzgebung des Bundes, die Art. 104b GG auf massives Drängen der Länder seit der Reform 2006 verlangt, sich nur auf Art. 74 Abs. 1 Nr. 7 „Fürsorge" stützen lässt. Dessen Anwendung erfordert wiederum, dass die Voraussetzungen des Art. 72 Abs. 2 GG vorliegen, damit überhaupt eine Bundeskompetenz besteht. „Rechts- und Wirtschaftseinheit" scheiden als Begründung unmittelbar aus. Die „Herstellung gleichwertiger Lebensverhältnisse" ermächtigen den Bund in der Formulierung des Altenpflegeurteils nur zur Gesetzgebung, „wenn sich die Lebensverhältnisse in den Ländern der Bundesrepublik in erheblicher, das bundesstaatliche Sozialgefüge beeinträchtigender Weise auseinanderentwickeln." Auf eine solche Situation, wenn sie denn vorläge, reagiert aber dieses genuin gesellschaftspolitisch motivierte Vorhaben nicht. Hier vertraut man wohl darauf, dass es keinen Kläger geben werde.

Die gravierenderen Probleme der Finanzverfassung wie die Staatsverschuldung, die Finanzausstattung der Körperschaften und die Finanzverwaltung sind Gegenstand der Föderalismusreform II. Wie sehr auch die in diesen Bereichen aufgeworfenen Fragen jenseits von konzeptionellen Überlegungen zu lösen versucht wird, zeigt schon die Tatsache, dass die Kommission bei ihren Beratungen völlig unter sich bleibt.

4. Der Europaartikel

Die Europäische Einigung wurde jahrzehntelang aus deutscher Sicht auf der Basis des Satzes „Der Bund kann durch Gesetz Hoheitsrechte auf zwischenstaatliche Einrichtungen übertragen" (Art. 24 Abs. 1 GG) betrieben. Als die Ratifizierung des Maastrichter Vertrages anstand, setzten die Länder nicht nur durch, dass das Thema aus den laufenden Verfassungsberatungen vorgezogen wurde, sondern erreichten auch, das ihnen ein offizielles Mitspracherecht auf der europäischen Bühne eingeräumt wurde. Falls

„im Schwerpunkt ausschließliche Gesetzgebungsbefugnisse der Länder betroffen sind", soll nach Art. 23 Abs. 6 GG a. F. einem vom Bundesrat benannten Vertreter der Länder „die Wahrnehmung der Rechte, die der Bundesrepublik Deutschland als Mitgliedstaat der europäischen Union zustehen," übertragen werden. Dabei hat aber die Wahrnehmung „unter Beteiligung und in Abstimmung mit der Bundesregierung" zu erfolgen, wobei „die gesamtstaatliche Verantwortung des Bundes zu wahren ist."

Da die Erpressungssituation günstig war, weil die damalige Bundsregierung es nicht darauf ankommen lassen wollte, ob die Ministerpräsidenten wirklich ein Scheitern des Maastrichtvertrages in Kauf nehmen würden, nimmt es auch nicht Wunder, dass bei dieser Gelegenheit eine Menge von Geschäftsordnungsregeln mit zum Teil erstaunlichem Inhalt in die Verfassung gelangt sind. So ist nach Art. 23 Abs. 5 Satz 1 GG der Bund gehalten, selbst bei Agenden seiner ausschließlichen Zuständigkeit, die in Europa behandelt werden, die Stellungnahme des Bundesrats zu berücksichtigen, auch wenn er das bei solchen Agenden im eigenen Land nicht müsste.

Da die gesamtstaatliche Verantwortung, die in Brüssel wahrzunehmen ist, aber ein Vertreter der Länder nicht artikulieren kann, sondern nur der Bund selbst, hat dieser Vertreter eine sehr prekäre Stellung, die seinen Stand bei Verhandlungen sicherlich nicht stärkt. Abgesehen davon verlangt die Wirksamkeit in europäischen Verhandlungen nicht nur eine dauerhafte Präsenz, weil man, vor allem wenn es um Mehrheitsentscheidungen geht, auf Koalitionsbildung angewiesen ist, pflegen geschnürte oder zu schnürende Pakete sich nicht nach unserer Verteilung von Gesetzgebungskompetenzen auszurichten, ist ein Verhandlungsführer mit einem Aufpasser zur Seite nicht gerade attraktiv und steht hinter dem Gedanken eines Vertreters der Länder die oft irrige Vorstellung einer einheitlichen Ländermeinung.

Bei so viel Unvernuft nimmt es nicht wunder, dass die durch das „sollen" für den Normalfall vorgeschriebene Vertretung der Bundesrepublik durch einen Ländervertreter nicht stattgefunden hat, vielmehr nur sehr selten ein solcher aufgetreten ist, sei es, dass die Länder sich nicht auf ein Mandat einigen konnten oder eine Vertretung nicht für erfolgversprechend ansahen.[72]

---

[72] Unwidersprochen erklärte die Bundesjustizministerin *Zypries* in der Bundesstaatskommission, ihres Wissens sei von der Möglichkeit eines Vertreters der Länder als Vertreter der Rechte des Bundes agieren zu lassen „nur sehr selten Gebrauch gemacht worden" (Kommissionsprotokoll 6 S. 131 D) und der Abg. *Röttgen* von der CDU listete ebenfalls ohne Widerspruch auf, dass in den fünf Jahren von 1998 bis 2003 ... der Bundesrat in ganzen 37 Fällen von insgesamt

Trotz dieser Erfahrung verteidigten die Länder den erkämpften Art. 23 GG gegen den massiven Vorstoß zur Korrektur von Bundesseite. Intensive und auch schon weit gediehene Einigungsbemühungen wurden aber von den Ministerpräsidenten gestoppt. Der baden-württembergische Ministerpräsident hielt sich nicht lange bei der bisher mangelnden Realisierung auf, sondern betonte emphatisch den symbolischen Charakter für die Länder: „Die Neufassung des Art. 23 GG war die einzige Gegenbewegung" zu der fünfzigjährigen „Einbahnstraße bei der Kompetenzverlagerung ...hin zum Bund."[73]

Bei dieser Haltung konnte es keine konzeptionell befriedigende Lösung geben. Erst in den Beratungen parallel zum Koalitionsvertrag wurde der Verfassung gewordene Kompromiss gefunden. Die Länder nehmen den Anspruch der Vertretung auf die drei Felder der schulischen Bildung, der Kultur und des Rundfunks zurück und handeln sich dafür einen strikten Anspruch der Vertretung ein. Da aber die Gesetzgebungsbefugnisse auf diesen Gebieten von den europäischen Verhandlungen betroffen sein müssen, dürfte der Kulturbereich, der sich nicht gerade durch gesetzgeberische Aktionen auszeichnet, praktisch ausfallen. Selbst für den Schulbereich sind kaum europäische Aktivitäten, welche Gesetzgebungskompetenzen betreffen, zu erwarten. Die Neuregelung wird sich also, so ist meine Prognose, wie die alte wesentlich im Symbolischen erschöpfen. Unter konzeptionellen Gesichtspunkten drängt sich natürlich die Frage auf, warum die Vertretungsregel bei anderen ausschließlichen Gesetzgebungsmaterien der Länder nicht auch gilt. Bei Verfassungsverhandlungen gelten eben Fragen der inneren Konsistenz einer Kodifikation nicht sonderlich viel.

---

900 Stellungnahmen – das ist ein Anteil von 4% – eine maßgebliche Berücksichtigung seiner Position bei der europarechtlichen Willensbildung durch die Bundesregierung gefordert" habe. In 20 Fällen habe die Bundesregierung widersprochen und nur in einem Fall sei es zu einem Konflikt über die Stellungnahme gekommen (Kommissionsprotokoll 6 S, 139)..

73 *Erwin Teufel*, Kommissionsprotokoll 10, S. 244 C. Das ist nicht ganz richtig, weil die Rechtsprechung des Bundesverfassungsgerichts zu Art. 84 Abs. 1 GG, insbesondere, aber nicht nur die Einheitsthese, zu einer erheblichen Stärkung der Länder über den Bundesrat geführt hat, die von Grundgesetz keineswegs vorgegeben war.

V. Perspektiven für eine erträgliche Form
der Verfassungsgebung

Die Analyse der Föderalismusreform 2006 zeigt, dass die nun schon zum zweiten Mal[74] gewählte Form der unmittelbaren Verfassungsverhandlungen prominenter Vertreter der beiden Pole des dualistischen Bundesstaatssystems,[75] ihr Rückzug in die Vertraulichkeit und die vereinbarte hohe Hürde einer Zweidrittel-Mehrheit schon für Vorschläge keine befriedigenden Ergebnisse zeitigt. Die 94er Reform musste schon zehn Jahre später in wichtigen Punkten korrigiert werden. Und die Reform 2006 „bereichert" die Verfassung, auch wenn man wichtige inhaltliche Fortschritte nicht in Frage stellen soll, mit einer solchen Fülle von Inkonsequenzen systematischer Art, das ihre Aussagekraft darunter leidet, das Bundesverfassungsgericht zu seiner lockeren Handhabung verleitet wird, es fremden Rechtsordnungen nicht mehr als Vorbild dienen kann und es insgesamt an Prägekraft verliert.

Bei der Suche nach Alternativen kann man nicht an der Option einer Totalrevision der Verfassung vorbeigehen, auch wenn die Zeit dafür noch nicht reif zu sein scheint. Der Leidensdruck ist dazu offenbar noch nicht groß genug. Es hilft auch nicht darauf zu verweisen, dass das Grundgesetz eine solche versprochen hatte, wenn die Deutschen, denen mitzuwirken versagt war, wie die ursprüngliche Präambel formulierte, und alle Deutschen ohne das strenge Auge von Besatzungsmächten sich nun frei für eine Verfassung entscheiden könnten. Die Sozialisation der viel länger als wir Westdeutschen unfreien Ostdeutschen dürfte soweit gediehen sein, dass die politischen Befürchtungen, die 1990 bestanden, sich eigentlich verflüchtigt haben müssten. Der permanente Hinweis, die Verfassung habe sich bewährt, ist angesichts des doch erheblichen Änderungsbedarfs, der sich in den so erstaunlich zahlreichen Grundgesetzänderungen widerspiegelt, nichts als ein Pfeifen im Walde. Es hat bisher auch nicht geholfen, auf die Beispiele einzelner Bundesländer oder der Schweiz zu verweisen, die zeigen, dass Verfassungen solcher Differenziertheit wie das Grundgesetz gelegentlich eine Generalüberholung brauchen. Die Möglichkeit, den Art. 146 GG zu nutzen, besteht jedenfalls weiter. Nach allen Erfahrungen mit strukturellen Verfassungsänderungen würde das aber nur etwas helfen, wenn man – nicht die Politiker, das wäre

---

[74] Nämlich nach 1994. Die Föderalismusreform II, über die 2008, spätestens Frühjahr 2009 entschieden sein muss, verschärft das Verfahren nach 1994 und 2006 noch, weil von vorne herein jegliche Beteiligung Dritter an den Verhandlungen ausgeschlossen ist.

[75] Und zugleich der beiden Hauptorgane für Verfassungsänderungen.

töricht – aber amtierende Funktionsträger wegen Befangenheit von einer Nationalversammlung ausschlösse.

Ziel einer Totalrevision wäre selbstverständlich kein neues, sondern ein erneuertes Grundgesetz. Warum sollte man sich von Teilen trennen, die sich bewährt haben? Ob man aus Respekt vor dem Parlamentarischen Rat und der Leistung, die unter dessen Werk erbracht worden ist, den Titel „Grundgesetz" beibehält, oder von Deutscher Verfassung spricht, wie es wohl dem Parlamentarischen Rat vorgeschwebt hat, wäre eine durchaus zweitrangige Frage. Auf keinem Fall käme man ohne die intensive Vorarbeit eines kleinen und damit arbeitsfähigen Vorkonvents aus.

Unter den Bedingungen des Art. 79 GG empfiehlt sich zuallererst, statt ein Gremium von sechzehn Ministerpräsidenten und 16 Bundestagsabgeordneten und Ministern zu Verfassungsverhandlungen aufzufordern, zu dem Verfahren, das die Verfassung vorsieht, zurückzukehren, um einen Rest von Transparenz und Rechtfertigungspflicht gegenüber dem Volk und die Offenheit für neue Ideen zu erhalten. Die Verfassung ist ein Werk nicht nur für die Politiker, sondern für das ganze Volk. Das eingerissene Verfahren verleitet dazu, die eigene derzeitige Machtposition zu einem erkenntnisleitenden Maßstab für Veränderungen zu machen. Die Verfassung soll aber die Machtverhältnisse sinnvoll regulieren und man kann daher schlecht den status quo zum dominanten Kriterium ihrer Veränderung machen.

Um diese notwendige Distanz zu ereichen und zugleich wenigstens ein Minimum an konzeptioneller Konsistenz der Verfassung zu erhalten, sollte zum Zweiten auf die Erfahrungen mit dem Grundgesetz zurückgegriffen werden. Bei ihm selbst hat man die Vorarbeit nicht einem Gremium der Entscheider zugewiesen, sondern dem Verfassungsausschuss der Ministerpräsidenten, dem Verfassungskonvent auf Herrenchimsee. Und auch als Mitte der 60er Jahre die große Finanzverfassungsreform anstand, hat man ein fünfköpfiges Gremium politikerfahrener – aber nicht aktiver Politiker – und sachkundiger Personen berufen,[76] die ein Konzept ausarbeiten sollten. Immerhin ging es ums Geld, dem wichtigsten Medium staatlicher Gestaltung. Das vorgelegte Konzept war in sich stimmig und die Politik sah keinen Anlass, es im Kern zu ändern.

---

[76] Von den Mitgliedern war der Vorsitzende *Troeger* zum Beispiel Mitglied des Bundesbankdirektoriums und vorher hessischer Finanzminister, *Neumark* der damals wohl angesehenste Nationalökonom und Fischer-Menshausen Vorstandmitglied der Shell-AG, vorher ein auch in der Wissenschaft angesehener Ministerialdirektor im Bundesfinanzministerium. Die Kommission zog drei ständige Sachverständige hinzu, unter ihnen den ehemaligen Staatssekretär im Bundesfinanzministerium *Hettlage*.

Dass es nach vierzig Jahren überprüfungsbedürftig wurde, ist nur zum Teil ihm, stärker aber den Veränderungen der Verhältnisse und der eher etwas, um ein sanftes Wort zu benutzen, sorglosen Staatspraxis zu verdanken. In einem wichtigen Punkt hat die Politik damals das Kommissionskonzept im übrigen verändert, nämlich bei Art. 115 GG. Man machte den Kredit zu einer normalen Staatseinnahme. Damit wurden die Schleusen der exorbitanten Staatsverschuldung durch ihre Nachfolger eröffnet und der Föderalismusreform II ein zunächst mutig, dann aber wie man hört, zögerlicher angegangenes Arbeitsfeld eröffnet. Aus beiden Beispielen lässt sich die Lehre ziehen, dass jedenfalls bei umfassenderen Grundgesetzänderungen die nötige Distanz in der Vorbereitung sowohl heilsam als auch förderlich ist.

Aber auch das Schweizer Beispiel und die gelungenen Beispiele von Totalrevisionen in den Bundesländern zeigen, das eine Distanz zur Tagespolitik mit ihren notwendigen Machtkämpfen für die Ausarbeitung eines in sich stimmigen Entwurfs von nicht zu unterschätzender Bedeutung ist.

Die Verfassung ist zu wertvoll, als dass man sie allein den Politikern überlassen sollte. Es kann aber nicht darum gehen, den Politikern die Verantwortung für die Verfassung zu nehmen, die tragen alleine sie; es geht nur darum, die Voraussetzungen für eine gute Verfassung zu schaffen und dass sie in guter Verfassung bleibt.

www.ingramcontent.com/pod-product-compliance
Lightning Source LLC
Chambersburg PA
CBHW080209220326
41518CB00037BB/2556

* 9 7 8 3 8 9 9 4 9 5 2 0 1 *